智能网联汽车产业人才需求预测报告

中国汽车工程学会 主编

Talent Demand Forecast Report
on the Intelligent Connected
Vehicle Industry

北京理工大学出版社
BEIJING INSTITUTE OF TECHNOLOGY PRESS

内容简介

《智能网联汽车产业人才需求预测报告》是工业和信息化七大重点领域人才需求系列报告之一，是一部较全面论述中国智能网联汽车产业现状、人才现状、高校人才供给现状及人才需求预测的权威报告。本报告以梳理业务新变化、技术新内涵、岗位新需求和人才新特征为基础，摸清智能网联汽车的产业现状和人才现状，预测智能网联汽车人才需求，指出高校供给端和产业需求端在人才质量和数量上的供需差异，提出高校学科建设和课程设置方面的建议，同时提出行业人才培养和人才保障制度建设方面的建议，为加快提升我国智能网联汽车人才的能力与水平，满足我国智能网联汽车发展需求提供支撑。

本报告为企业使用人才、高校培养人才提供参考依据，也为智能网联汽车现有人才和有意向进入智能网联汽车工作的人才的成长和发展提供指引作用。

版权专有　侵权必究

图书在版编目（CIP）数据

智能网联汽车产业人才需求预测报告 / 中国汽车工程学会主编． －－北京：北京理工大学出版社，2021.5（2022.6重印）
ISBN 978－7－5682－9881－0

Ⅰ.①智… Ⅱ.①中… Ⅲ.①汽车－智能通信网－人才需求－研究报告－中国 Ⅳ.①F426.471

中国版本图书馆 CIP 数据核字（2021）第 095655 号

出版发行 ／ 北京理工大学出版社有限责任公司
社　　址 ／ 北京市海淀区中关村南大街 5 号
邮　　编 ／ 100081
电　　话 ／ (010)68914775(总编室)
　　　　　　(010)82562903(教材售后服务热线)
　　　　　　(010)68944723(其他图书服务热线)
网　　址 ／ http://www.bitpress.com.cn
经　　销 ／ 全国各地新华书店
印　　刷 ／ 廊坊市印艺阁数字科技有限公司
开　　本 ／ 710 毫米 × 1000 毫米　1/16
印　　张 ／ 14.5　　　　　　　　　　　　　　　责任编辑 ／ 徐艳君
字　　数 ／ 225 千字　　　　　　　　　　　　　文案编辑 ／ 徐艳君
版　　次 ／ 2021 年 5 月第 1 版　2022 年 6 月第 2 次印刷　责任校对 ／ 周瑞红
定　　价 ／ 78.00 元　　　　　　　　　　　　　责任印制 ／ 李志强

图书出现印装质量问题，请拨打售后服务热线，本社负责调换

指导单位： 工业和信息化部人事教育司、装备工业一司
起草单位： 中国汽车工程学会
监制单位： 工业和信息化部产业人才需求预测工作办公室
起草时间： 2020 年 12 月

顾问委员会

付于武	中国汽车工程学会
李　骏	中国汽车工程学会/清华大学
赵　继	东北大学
李志义	沈阳化工大学
张进华	中国汽车工程学会
韦智敏	人力资源和社会保障部 中国人才研究会
高和生	中国汽车技术研究中心有限公司
吴志新	中国汽车技术研究中心有限公司
赵福全	清华大学汽车产业与技术战略研究院
管　欣	吉林大学汽车研究院
李克强	清华大学汽车安全与节能国家重点实验室
朱明荣	中国人才研究会汽车人才专业委员会
严　刚	国汽（北京）智能网联汽车研究院有限公司
尤　峥	东风汽车集团有限公司
祖似杰	上海汽车集团股份有限公司
蔡速平	北京汽车集团有限公司
陈小沐	广州汽车集团股份有限公司
廉玉波	比亚迪汽车工业有限公司

专家咨询委员会

高振海　吉林大学汽车工程学院
李建秋　清华大学车辆与运载学院
张立军　同济大学汽车学院
席军强　北京理工大学机械与车辆学院
杨世春　北京航空航天大学交通科学与工程学院
颜伏伍　武汉理工大学汽车工程学院
刘国元　东风汽车集团有限公司
陈　坚　东风汽车集团有限公司
金伟春　上海汽车集团股份有限公司
尹　颖　北京汽车研究总院有限公司
王挺昂　广州汽车集团股份有限公司
刘坚坚　比亚迪汽车工业有限公司
王志勤　中国信息通信研究院

编写委员会

主编

赵莲芳　中国汽车工程学会

副主编

张　宁　中国汽车工程学会

主要参与人

产业现状组

公维洁　中国智能网联汽车产业创新联盟
张泽忠　中国智能网联汽车产业创新联盟
林　熙　中国智能网联汽车产业创新联盟
李　乔　中国智能网联汽车产业创新联盟

人才现状组

陶志军　北京上尚汽车研究院
高博麟　清华大学车辆与运载学院
石剑飞　北京上尚汽车研究院
刘扬扬　北京上尚汽车研究院
李　娜　国汽（北京）智能网联汽车研究院有限公司
高　珩　北京市智腾伟业管理顾问有限公司
姚晓蓉　宝马集团
周晓云　丰田汽车（中国）投资有限公司

院校供给组

王军年　吉林大学汽车工程学院
赵　健　吉林大学汽车工程学院
徐念峰　中国汽车工程学会
卞合善　柯柏文（深圳）科技有限公司
张小飞　荆州职业技术学院新能源汽车学院

人才需求预测组
刘宗巍　清华大学汽车产业与技术战略研究院
宋昊坤　清华大学汽车产业与技术战略研究院

政策建议组
薄　颖　中国汽车工程学会
王永环　中国汽车工程学会
佟　蕊　中国汽车工程学会

大数据分析组
刘　芳　北京长安汽车工程技术研究有限责任公司
吴　旭　国家汽车质量监督检验中心（襄阳）
马　丽　同道猎聘集团
潘　钊　同道猎聘集团
姜海峰　北京纳人网络科技有限公司
李　瑛　北京纳人网络科技有限公司

参与单位

中国汽车工程学会
中国智能网联汽车产业创新联盟
吉林大学汽车工程学院
清华大学汽车产业技术与战略研究院
清华大学车辆与运载学院
北京上尚汽车研究院
中国汽车工程学会技术教育分会
中国汽车工程学会汽车应用与服务分会

支持单位

北京华汽汽车文化基金会
东风汽车集团有限公司
上海汽车集团股份有限公司
北京汽车集团有限公司
广州汽车集团股份有限公司
比亚迪汽车工业有限公司

前　言

一、研究背景

在新一轮科技革命和产业变革的推动下，汽车产业已经进入转型升级、产业重构的新时代，汽车与新能源、新材料、人工智能等技术的融合，使汽车从以"机械+电子"为特征、单纯人工控制的交通工具，转变为机械、电子、计算机、人工智能、信息通信等多领域交叉的综合性智慧移动空间和运载出行系统，这就是智能网联汽车（Intelligent Connected Vehicle，简称 ICV）。2020 年 10 月颁布的《新能源汽车产业发展规划（2021—2035 年）》强调"坚持电动化、网联化、智能化发展方向，深入实施发展新能源汽车国家战略"的总体思路，提出推动新能源汽车与交通融合发展，推动新能源汽车与信息通信融合发展，加强标准对接与数据共享。在这一背景下，未来以智能网联为特征的新能源汽车将是市场的主体。

任何一个产业的发展都离不开人才的发展，人才强则产业强，人才兴则产业兴，高质量的人才队伍是产业高质量发展的基础。智能网联汽车作为汽车产业未来发展的战略方向，既具有多产业、多领域、多技术融合发展的特征，又处在蓬勃发展、方兴未艾的初级阶段，因此具有高度的复杂性和不确定性，带来了涉及法律、标准、保险、金融、商业模式、伦理道德等全方位的挑战，同时也对人才队伍建设提出了新课题和新挑战。

本报告旨在以梳理业务新变化、技术新内涵、岗位新需求和人才新特征为基础，摸清智能网联汽车的产业现状和人才现状，预测智能网联汽车人才需求，指出高校供给端和产业需求端在人才质量和数量上的供需差异，提出高校学科建设和课程设置方面的建议，同时提出行业人才培养和人才保障制度建设方面的建议，为加快提升我国智能网联汽车人才的能力与水平，满足我国智能网联汽车发展需求提供支撑。

二、研究边界

新一轮科技革命和产业变革给汽车产业带来深远的影响。在产业层面，线性链状的汽车产业链将发展成为立体网状的汽车产业生态；在产品层面，智能网联汽车将从简单的功能搭载向域控制模式、再向整车集中架构的方向演进；在社会层面，汽车产业与智慧城市、智慧生活的融合渐趋无边界。这些影响不仅将推动传统整车和零部件企业的升级，也意味着将有更多的信息与通信技术企业（Information and Communications Technology，以下简称 ICT 企业）和与之相关的科技公司大量涌入汽车产业，成为汽车产业重构的推动力量。

智能网联不是对汽车产业的颠覆，而是汽车产业的转型升级。从横向上看，智能网联汽车产业链与传统汽车产业链相同，覆盖整车研发、生产、销售和服务运营等；从纵向上看，智能网联汽车的产业链被进一步拉长，一批与智能化、网联化有关的高科技公司进入供应链中。因此，从宏观角度，人才总体类别并未发生改变，智能网联汽车人才仍然可以划分成六大类别，即领军人才、研发人员、工程技术人员、生产制造人员、销售服务人员和其他专业人才。与传统汽车产业相比，微观角度有了新的扩展，表现在领军人才的重要性更加突出，对智能网联领域研发人员的知识结构和专业能力提出了新要求。而汽车生产、销售和售后服务、综合管理等领域所需人才仍将与传统汽车人才共用，通过培训实现其能力提升。还有部分不涉及智能网联的研发人员，虽然由于汽车产业向智能网联方向的整体转型而需要接受相关技术衔接部分的培训，但基本工作内容和所需知识结构没有很大变化，因此也不在此次研究范围之内。

基于以上判断，本次研究工作的边界确定为：聚焦传统汽车实现智能化、网联化的新增功能和与之相关的关键技术，对未来研发人员的需求总量做出定量分析，包括与智能网联汽车相关的技术研究人员、产品开发人员和测试人员。对于领军人才、工程技术人员、生产制造人员、销售服务人员和其他专业人才只做定性分析。

需要说明的是，随着数字经济的发展，共享出行将成为人们的重要出行解决方案之一，智能网联汽车的发展无疑将对运营服务业的发展起到巨大推动作用。但基于以下考虑，本报告未将运营服务人才纳入本次研究范围。

其一，出行服务虽然是汽车的强相关产业，但根据国家统计局发布的《生活性服务业统计分类（2019）》（国统字〔2019〕44号），其归属于第三产业。因此，即便未来汽车整车企业与相关运营服务商开展深度融合，如整车企业为运营服务商提供车辆定制服务，也不可将两者混为一谈。

其二，运营服务人才的工作主要集中在不断优化消费者的用车体验，而非改进和优化车辆的性能方面。未来为提升车辆智能化、网联化水平和人机交互感的各种功能的开发，仍将由车辆生产企业、ICT企业和应用软件服务商完成。

三、研究思路和方法

本次研究工作的基本思路是：确定本次研究工作的边界；通过多样化的信息采集手段，提出智能网联汽车研发人员的特征框架及画像，分析智能网联汽车人才队伍现状、高校人才供给现状；以未来智能网联汽车人才结构和特征分析结果为支撑，构建三维多指标人才需求数量预测模型，对未来智能网联汽车研发人员需求总量和缺口做出判断，基于大数据、企业问卷和调研结果确定重要岗位、紧缺岗位和岗位紧缺度；以上述研究成果为支撑，提出着眼未来的智能网联汽车人才队伍建设思路和政策建议。

本次研究的信息采集方式主要有文献研究、会议研讨、专家座谈、企业走访调研、问卷调查、大数据分析和模型预测等。

在文献研究阶段，课题组通过大量的资料收集和分析，获取了众多有价值的信息，为本次报告中研究思路和核心观点的形成提供了有力支撑。

本次研究共发出调查问卷 818 份，得到了被调查单位的积极响应，共收回有效问卷 575 份。其中企业问卷 91 份，包括整车生产企业 18 份，零部件企业 39 份，ICT 企业 27 份，研究设计机构 7 份（参与调研企业名录见附录 1），覆盖了智能网联汽车的全产业链；普通高等院校（以下简称高校）60 份，高等职业学校（以下简称高职学校）61 份（参与调研院校名录见附录 2）；个人问卷 365 份。课题组采用频次分析、描述统计、方差分析、线性回归等方法对数据进行了整理和分析。

与此同时，课题组还先后采取视频会议和走访调研等方式，与东风汽车集团有限公司、上海汽车集团股份有限公司、吉利汽车集团有限公司、上海蔚来汽车有限公司、大唐电信科技产业集团、北京百度网讯科技有限公司、华为技术有限公司、博世汽车部件（苏州）有限公司、南京越博动力系统股份有限公司、上海博泰悦臻电子设备制造有限公司和惠州市德赛西威汽车电子股份有限公司等进行了充分交流，深入了解了企业对智能网联汽车人才的需求，听取了企业对智能网联汽车人才队伍建设的建议。

为更加准确研判市场人才需求和供给状况，课题组在教育部高等教育教学评估中心的支持下，获取了 2017—2019 年度与智能网联汽车相关的 17 个本科专业招生数量、应届毕业生数量以及课程设置等"高等教育质量监测国家数据平台"监测数据；与同道猎聘集团（以下简称猎聘）合作，通过关键词检索的方式获取了岗位供需、从业人员专业分布情况；与北京纳人网络科技有限公司（以下简称纳人）合作，获得了17个本科专业的毕业生流入比、从业人员专业分布、各专业平均薪资水平等信息；与中国人才研究会汽车人才专业委员会合作，获取2019年年底智能网联汽车在岗研发人员总量数据。

基于对标智能网联汽车不同发展水平三大模块（智能驾驶、智能座舱和车联网）的发展趋势，分析影响其发展的主要因素，建立预测未来智能网联发展水平的多级评价指标体系，并据此建立模型，对未来智能网联汽车人才需求及缺口总量做出判断。

在上述分析中提出我国智能网联汽车人才队伍建设中存在的突出问题和解决方案或思路。

致　谢

本次研究工作在工业和信息化部的支持和指导下进行，由中国汽车工程学会联合中国智能网联汽车产业创新联盟、吉林大学汽车工程学院、清华大学汽车产业技术与战略研究院、清华大学车辆与运载学院、北京上尚汽车研究院、中国汽车工程学会技术教育分会和汽车应用与服务分会共同完成。在研究工作过程中，得到了北京华汽汽车文化基金会、中国第一汽车集团公司、东风汽车集团有限公司、上海汽车集团股份有限公司、北京汽车集团有限公司、比亚迪汽车工业有限公司、广州汽车集团股份有限公司、吉利汽车集团有限公司、上海蔚来汽车有限公司、北京四维图新科技股份有限公司、北京百度网讯科技有限公司、博世汽车部件（苏州）有限公司、大唐电信科技产业集团、华为技术有限公司、惠州市德赛西威汽车电子股份有限公司、南京越博动力系统股份有限公司、上海博泰悦臻电子设备制造有限公司、浙江亚太机电股份有限公司等多家企业及英国格拉斯哥大学的积极支持和配合，为研究工作的顺利完成提供了极大帮助。教育部高等教育教学评估中心为研究工作提供了"高等教育质量监测国家数据平台"相关数据支撑，同道猎聘集团和北京纳人网络科技有限公司为研究工作提供了大数据分析支撑，在此表示衷心的感谢。

目 录

绪论　核心观点

一、新增产值 ··· 2

二、从业人员概况 ··· 2

三、从业人员数量分析：供给严重不足，尤其缺乏 IT 背景人才 ······· 2

四、从业人员质量分析：知识结构需求为复合型，而高校供给为专业型，专业核心课程设置与人才知识结构需求偏离，"卡脖子"关键技术人才缺乏 ··· 5

第一章　智能网联汽车产业发展现状和预测

一、发展智能网联汽车的战略意义 ······························· 10

二、智能网联汽车的内涵和产业链 ······························· 11

三、我国智能网联汽车企业发展现状 ····························· 14

四、2020 年我国智能网联汽车产值规模测算 ····················· 16

五、2025 年我国智能网联汽车产值规模预测 ····················· 20

六、我国智能网联汽车中长期发展趋势 ··························· 24

第二章　我国智能网联汽车产业人才现状及需求分析

一、人才的基础信息分析和量的需求 ····························· 32

二、人才质的需求：领军人才分析和复合型人才需求 ··············· 37

三、人才保障能力分析 ··· 41

四、人才职业岗位序列 ··· 54

第三章 院校人才供给分析

一、普通高等院校智能网联汽车相关专业建设现状 …………… 66

二、高职学校智能网联汽车相关专业建设现状 ………………… 93

第四章 智能网联汽车产业人才需求预测

一、人才需求预测研究基本思路 ………………………………… 102

二、人才特征识别和分析 ………………………………………… 104

三、人才需求及缺口预测 ………………………………………… 111

第五章 问题和建议

一、从业人员数量供给不足 ……………………………………… 122

二、从业人员质量不能满足行业需求 …………………………… 125

附 录

一、参与调研企业名录（重体字为深度访谈企业）……………… 130

二、参与调研院校名录 …………………………………………… 132

三、重要岗位任职要求 …………………………………………… 133

四、紧缺人才需求目录 …………………………………………… 179

绪论　核心观点

一、新增产值

2020年智能化与网联化带动汽车新增产值约3 100亿元,预计2025年将达到8 000亿元。

二、从业人员概况

2019年汽车行业从业人员约551万人,其中研发人员约55.1万人,智能网联研发人员约5.33万人,包括系统、软件、硬件、算法、测试5大岗位族,分布于系统设计/集成、环境感知、决策控制、网络通信、大数据、云基础平台、人工智能、安全技术、地图定位、标准法规10个技术领域。课题组梳理了63个重要岗位(如表2.8所示)和53个紧缺岗位(如表2.9所示)。人才专业分布前五位的专业类别为计算机类(23.17%)、车辆工程专业(20.01%)、电子信息类(19.70%)、自动化类(15.68%)、机械类(12.42%,除车辆工程以外)。在智能网联研发人员中,计算机类已超过车辆工程专业成为占比最高的专业。

三、从业人员数量分析:供给严重不足,尤其缺乏IT背景人才

(1)企业普遍反映智能网联研发人员缺乏。今后五年人才需求以年复

合增长率13.97%增长，高校相关专业毕业生供给以年复合增长率4.45%增长。2025年智能网联汽车按高、中、低三种发展情境人才需求量分别为9.2万人、10.3万人和11.6万人，届时人才存量为7.2万人，高校相关专业当年毕业生流入智能网联汽车就业约为0.73万人，人才净缺口为1.3万~3.7万人。在高速发展情境下净缺口为3.7万人，相当于目前智能网联研发人员存量的69.4%。

（2）智能网联研发人员构成需要大量计算机、电子信息和自动化专业的人才，令企业尤其困扰的是这些IT背景人才难招、难用、难留。难招的原因很复杂，主要原因有三个：第一，我国在制造业整体向数字化、智能化转型过程中大量需要这三类人才，导致总量供给不足。目前高校在这三大类专业招生人数占比为12.02%，并且以年复合增长率6.06%增长，但依然无法满足需要。第二，汽车行业在薪酬上不具竞争力，这与制造业整体薪酬低有关。在我国各行业大类薪酬结构中，制造业排第14位，倒数第6位（如图2.9所示）。毕业生薪酬调查结果显示，IT背景三大专业类别人才毕业三年后的平均薪酬是车辆专业的2~3倍（如图2.12所示）。从事智能网联的车辆专业人才薪酬较专业平均薪酬高，但从事智能网联的IT背景人才薪酬较专业平均薪酬低，因此很难吸引IT专业背景人才进入汽车企业从事智能网联相关工作。同时，企业还要解决薪酬总量控制以及岗位和专业间的薪酬平衡问题。第三，除薪酬因素外，制造业强度大、吸引力低也是部分因素。制造业从业人数自2010年开始下降，从29.0%降至2018年的24.2%，制造业GDP占比也自2007年开始从32.0%降至27.8%。汽车行业新车销售量自2018年开始下降，从业人数也从2018年的610万人降至2019年的551万人。这也是欧美日发达国家后工业化时代普遍呈现的趋势，对此发达国家普遍采取重塑制造业战略（例如美国）以提高制造业GDP比重和从业人员比重。我国也应采取相应措施扭转制造业下滑的趋势。难用是指计算机等三大专业研发人员的工作思路、语言、研发程序跟传统车辆研发人员不同，很难融入车企的研发工作。难留指的是IT背景三大专业类的人员离职率高。汽车研发人员平均离职率为12.8%。个人调查问卷显示，智能网联汽车研发人员中有37.6%的人因各种原因离职，且大部分是IT背景三大专业类人才。

措施建议：

（1）通过完善车辆工程专业的课程设置，在车辆类核心课程基础扎实的情况下增加计算机、电子信息、自动化的相关课程，如受学分所限可以以选修课形式补充，培养复合型人才以缓解部分人员不足问题。在深访中上汽摸索的经验值得思考，20%的车辆工程专业学生经过培训可以通过基础软件知识的测试，胜任部分计算机类、电子信息类和自动化类专业毕业生的工作，说明可以通过IT类知识的补充部分解决人才供给不足问题。课题组和行业专家普遍认为，智能化、网联化、电动化使车辆专业这一汽车行业的主要供给专业的知识内涵和结构发生了深刻变化，除车辆、机械核心课程外、还涉及计算机、电子信息、自动化、能源动力、材料、仪器仪表、交通运输等多个专业，呈现多领域跨专业的深度融合特征，远远超出了原有机械类的知识结构和范畴，所以宜将车辆工程专业设立为交叉型一级学科。如果不做根本性学科升级调整，而是在现有车辆专业上调整课程，由于各类课程所占比例的限制，不能彻底解决人才供给问题。

（2）在我国制造业向数字化智能化整体转型中，智能网联汽车、智能制造、工业互联网、区块链、关键软件等战略性新兴产业和领域均需要计算机、电子信息、自动化三类专业毕业生，据专家判断，这一人才短缺现象可能会在今后十年内存在。建议由行业主管部门和教育部统筹规划，进一步扩大专业布点和招生规模。

（3）通过加强行业和企业培训增加人员供给。汽车行业有55.1万研发人员的存量，智能网联人员来源构成中，只有34.85%来自高校毕业生，41.91%来自社会招聘，20.53%来自企业内部培训转岗，其余来自海外招聘。62%以上的智能网联研发人员来自存量供给，大量企业通过培训来补充人才供给，例如博世在进行全员数字化培训，课程持续半年左右，投入力度相当大。企业培训大致可分为面向车辆和机械等专业的传统车辆工程师培训计算机知识，面向计算机等专业类的人员培训车辆工程知识。企业反映单纯依靠自身去解决数量大且内容分散的培训整体效率不高，企业也缺乏资源平台，行业宜提供全系列培训，同时结合紧缺岗位的要求，设置部分有针对性的专项培训项目。

（4）针对制造业薪酬低，就业吸引力低的问题，宜采取全方位多层次的解决方案，培育良好的行业生态。第一，政府层面通过财税措施、财政分配体系给制造业适当增加利润空间，并且出台专项措施鼓励提高制造业从业人员薪酬待遇。宣传部门宜通过各类宣传手段营造制造业光荣的社会舆论氛围，国家层面建立"国家工程师"表彰体系，提高从业荣誉感。智能网联从业人员中包括2%的归国人员，主要担任各技术领域领军人才和关键技术带头人的角色，在当前单边主义盛行的国家环境下应更加着力通过各项政策吸引归国人员，整体带动智能网联技术的全面提升。第二，行业层面应进一步完善工程师水平评价机制，以工程技术人员的职业资格评价和职业生涯通道设计提供薪酬以外的激励和认可机制。结合重要和紧缺岗位目录总体调控、重点培养关键人才，建立行业人才预警机制。第三，企业层面应重视品牌战略，提升利润空间，提高人均研发经费和研发人员薪酬，形成良性循环。企业同时应探索多层次复合型的人才激励措施，例如作为薪酬改革方向，部分企业采取跟投、鼓励创业、股权激励的方式。其他如职业成就感、职业晋升通道、集体荣誉感等也值得创新。

四、从业人员质量分析：知识结构需求为复合型，而高校供给为专业型，专业核心课程设置与人才知识结构需求偏离，"卡脖子"关键技术人才缺乏

智能网联汽车新增功能需要跨学科背景的复合型人才，企业深访充分体现了这一行业需求。例如T-Box开发工程师，既要懂得通信协议相关知识，又要了解Linux系统相关知识，并对自动化理论及车辆控制技术有所了解；车联网大数据工程师，既要懂得大数据算法知识，又要了解计算机编程语言相关知识，并对车辆工程相关知识、机器学习及人工智能知识有所了解。但个人问卷显示，现阶段智能网联研发人员多为专业型人才，且研发人员已经在工作中切身感受到了跨学科知识背景的必要性，但相关专业课程设置目前在复合型方面体现不充分。

专业核心课程设置与需求偏离。个人调查问卷和高等教育质量监测国家数据平台监测数据中的课程设置现状比较显示，机械类（除车辆工程外）和车辆工程的核心课程设置已较大偏离实际需求，匹配度分别为33%、53%，缺乏计算机技术、自动控制理论、单片机原理、微机原理、

数字电子技术、信号处理等课程。这些个人问卷反映的需求也同时印证了复合型人才的需求。

毕业生工程实践能力不足和高校知识更新迭代慢。企业培养毕业生适应工作岗位需要一年左右，呼吁能否将工程实践能力培养前置到高校最后一学期，例如德国工程类高校的最后一学期，毕业生结合毕业设计在企业出勤并完成。同时企业反映毕业生学习的知识内容更新迭代赶不上行业发展的速度。

"卡脖子"关键技术人才缺乏。我国智能网联汽车在一些底层关键核心技术上仍受制于人。课题组对一些重点企业走访调研时发现，在车规级芯片、软件（操作系统）、电子电气架构、车联网、ADAS 核心算法、人工智能等技术领域存在"卡脖子"问题，行业极度渴求领军人才带领团队进行技术攻关，提升我国智能网联汽车技术在国际上的竞争力。

措施建议：

有关复合型人才培养机制不足的问题，改进措施应为车辆工程专业作为交叉型学科的学科升级和课程设置的复合型改造，前已论述。

针对工程实践能力不足和知识内容更新慢的问题建议如下：

（1）政府层面应采用多种措施推动企业参与人才培养的积极性，建立多种校企联合育人平台。例如使用国企管理层评价机制、设立专项基金等方式促使企业参与教材更新修订、与高校联合建立实训中心。教育系统可以以试点方式开展部分车辆工程专业毕业生最后一学期在企业出勤并完成毕业设计的改革，评估工程实践能力培养前置的实施效果。

（2）高校应进一步打通与企业的人才流动壁垒，吸引企业人才任教。进一步推广"双师制"，创新各种有利于企业高级技术人员在高校任职、短期任职、授课的机制。

针对"卡脖子"关键技术人才缺乏的问题，建议通过专项扶持和人才举荐并举，培养人才梯队，攻克"卡脖子"技术。具体建议如下：

（1）国家层面，通过设立重大科技专项，对"卡脖子"技术进行重点攻关，通过项目带动高端人才的培养，例如科技部设立的"新能源汽车"重点专项。进一步完善海外人才引进政策，依据创新链、产业链精准布局，有的放矢引进人才。通过推动车辆工程升级为交叉型一级学科，从根本上解决高校人才培养和行业技术发展需求不匹配的矛盾，大力培养复合型人才，提升学生的工程实践能力。

（2）行业组织层面，加大人才举荐力度，做好人才培养的孵化器和助推器。例如通过中国科协设立的"青年人才托举工程"项目，中国汽车工程学会在青年人才成长的关键期，为青年人才提供资金和学术资源、国际资源、产学研协同创新等资源支撑，帮助他们在创造力黄金时期做出突出业绩，尽快成长为国家主要科技领域高层次领军人才和高水平创新团队的重要后备力量。

相信在政府、行业、高校、企业各方面的通力合作下，智能网联研发人员质量与数量的不足均能在不久的将来得到部分缓解直至完全解决。

第一章 智能网联汽车产业发展现状和预测

一、发展智能网联汽车的战略意义

2019年9月中共中央和国务院发布的《交通强国建设纲要》明确提出,"加强智能网联汽车(智能网联汽车、智能驾驶、车路协同)研发,形成自主可控完整的产业链"。2020年2月国家发改委联合11部门印发了《智能网联汽车创新发展战略》。在此之后,相关政府部门先后出台了有关工作的指导意见。这些文件释放出支持加快智能网联汽车发展步伐的强烈信号,吹响了跨产业协同创新,迈向智能网联汽车和智能社会的集结号,对我国汽车产业实现高质量发展具有重要意义,对支撑我国汽车产业及相关产业跨界融合发展起到极大的促进作用,对我国汽车强国建设具有重要的支撑作用。

国家做出如此重大的决策,在于智能网联汽车发展是我国汽车产业实现高质量发展的新动能,是国家综合实力提升的强有力支撑,是智能交通和智慧城市建设的加速器,对我国经济社会发展具有重要的战略意义。

从历史上看,汽车产品一直都是新技术应用的重要载体。蒸汽机的出现让汽车走入了人们的视线,生产流水线的出现让汽车走入了人们的生活,能源革命让汽车进入了车用动力多元化时代。面向未来,智能网联汽车的发展与汽车产业一直追求的安全、节能、环保发展理念高度契合。数据表明,使用智能网联汽车可减少汽车交通安全事故率50%~80%,提升交通通行效率10%~30%。智能网联技术的应用可使行驶中的汽车提前预知交通控制信号和交通流、交通标识、道路状况等消息,提前通过汽车控制器实施恰当的驾驶策略控制车速,在保证汽车通行安全和效率的前提下,提高汽车燃料经济性,减少尾气排放。与此同时,传统的汽车产业链、技术链和价值链正在被打破,全新的汽车产业发展生态正在构建中。由此带给我们的,不仅是汽车产品形态的全面升级,更将是汽车设计开发、生产制造、销售及服务等各个环节的根本性变革,它们将成为培育我国产业发展的新优势、加速汽车产业转型升级、推动汽车产业高质量发展的新动力。

智能网联汽车的发展与制造强国、科技强国和网络强国密不可分，未来的汽车产品将成为人工智能、移动互联网、新一代信息技术、物联网、云计算、能源存储、可再生能源等技术的应用平台和众多新产品的载体。智能网联汽车的发展无疑将对信息产业升级、产品结构调整和面向未来国家综合运输体系的构建产生深刻影响。与此同时，未来汽车的智能化、网联化、平台化特征，也将使得汽车产业与其他产业间的协同比历史上任何一个时期都更加重要，汽车产业对国家经济发展的支撑作用也由此更加凸显。

建设智能交通、智慧城市是未来社会发展的大趋势，"大数据+智能化"是其主要特征。智能网联汽车与智慧城市建设相辅相成，它既是智慧城市建设的受益者，也是智能交通建设的重要支柱，更是智慧城市建设的推动者。智能网联汽车与智能交通的融合，将打通客流、物流、能源流和信息流，实现汽车与城市、交通、能源互联互通，实现城市运行效率提升及节能减排。智能网联汽车与智慧城市、智能交通的融合，将深刻改变人们的生活。

综上所述，在过去的三十年，电子技术的应用使得汽车成为机电一体化产品，当前信息技术的融合使得汽车将成为机电信息一体化产品，未来智能网联汽车的发展承载了我国经济战略转型、重点突破和构建未来创新型社会的重要使命。

二、智能网联汽车的内涵和产业链

智能网联汽车除了具有当前汽车产品的全部特征，还因为信息技术的融入而变得更加复杂。作为一个发展中的领域，其定义和边界尚处于探索之中。

目前，公认的智能网联汽车定义是：搭载先进的车载传感器、控制器、执行器等装置，并融合现代通信与网络、人工智能等技术，实现车与X（车、路、人、云等）智能信息交换、共享，具备复杂环境感知、智能决策、协同控制等功能，可实现"安全、高效、舒适、节能"行驶，并最终可实现替代人来操作的新一代汽车,又被称为智能汽车、无人驾驶汽车、智能驾驶汽车等。

智能化和网联化是智能网联汽车的两大特征。智能化主要指汽车具备自主信息获取、自主决策、自动控制的能力。网联化主要指汽车通过通信与网络技术,实现车与车、车与人、车与路、车与云端等方面的智能信息交互。智能化与网联化的融合,使车辆具备了协同感知和决策控制的能力。

图 1.1 所展示的智能网联汽车"三横两纵"技术架构,充分说明了智能网联汽车的内涵。其中,"三横"是指智能网联汽车主要涉及的车辆关键技术、信息交互关键技术和基础支撑关键技术,"两纵"是指支撑智能网联汽车发展的车载平台和基础设施。

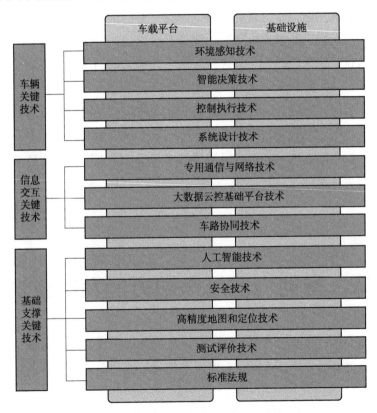

图 1.1 智能网联汽车"三横两纵"技术架构

如图 1.2 所示,产业链上游包括感知系统、决策系统、执行系统、信息通信系统、智能座舱零部件等核心关键零部件。产业链中游包括智能驾驶解决方案、车联网解决方案、智能座舱解决方案等供应商为原始设备制造商（Original Equipment Manufacturer，简称OEM）提供成套解决方案。在产业链下游中，主要整车企业已开始在量产车上装备了L1、L2级辅助驾驶系统产品，并积极进行更高级智能驾驶汽车技术及产品的开发。随着智能网联汽车的发展，针对高等级智能驾驶技术，越来越多的公司也开始投入智能驾驶载人载物出行服务的测试运行。在汽车后市场方面，涵盖了汽车信息服务、新型金融保险、出行服务等环节，智能网联汽车作为服务和信息的价值载体，将衍生形成全新的产业生态。此外，交通基础设施建设、大数据云平台建设、通信运营、高精度地图等产业将作为智能网联汽车运行的有效支撑。

图1.2 智能网联汽车产业链

三、我国智能网联汽车企业发展现状

(一) 智能网联汽车企业地区分布

通过纳人大数据分析,可以得到我国智能网联汽车招聘企业①的地区分布,拥有全国5%以上智能网联汽车企业的地区主要是广东省、北京市、上海市、江苏省、浙江省、四川省,如图1.3所示。分析其原因,一是这些地区汽车产业基础较好,为发展智能网联汽车奠定了基础;二是这些地区相继出台了智能网联汽车相关政策与法律法规,推动了智能网联汽车快速发展;三是智能网联汽车测试示范区的建立,积极推动了半封闭、开放道路的测试验证;四是全国领先的互联网企业,如百度、腾讯、阿里巴巴、博世等,大多分布在这些地区,这类企业通常以与整车制造企业合作

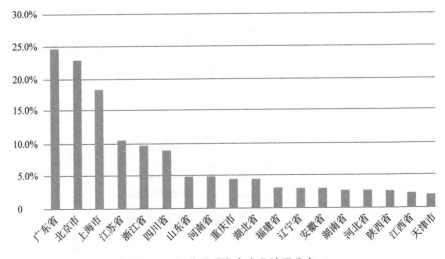

图1.3 智能网联汽车企业地区分布

---

① 一个公司的办公地点,可能分布在多个省市。

的方式布局智能网联汽车。综上所述优势，使得广东省、北京市、上海市、江苏省、浙江省在汽车智能网联技术上享有研发优势，进而带动当地该产业的发展。

（二）智能网联汽车企业发展阶段及团队形式

课题组将智能网联汽车企业的发展阶段分为前期调研、战略制定、开始布局、运行测试、已有成熟产品（指企业已有与智能网联相关的产品，或是公告目录车型或在公告目录车型上搭载）等五个阶段。本次调研企业中34.07%正在进行产品运行测试，48.35%已有成熟产品（如图1.4所示）；约70%被调研企业中设有独立的智能网联汽车研发部门（如图1.5所示）。

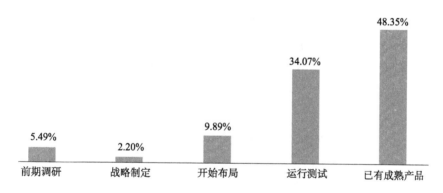

图1.4 企业智能网联汽车发展阶段

数据来源：中国汽车工程学会企业问卷调查数据

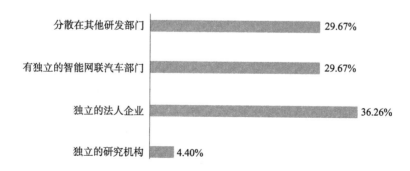

图1.5 企业中智能网联汽车研发团队存在形式

数据来源：中国汽车工程学会企业问卷调查数据

四、2020 年我国智能网联汽车产值规模测算

国家发改委等 11 部门联合印发的《智能网联汽车创新发展战略》指出:"到 2025 年,中国标准智能汽车的技术创新、产业生态、基础设施、法规标准、产品监管和网络安全体系基本形成。实现有条件智能驾驶的智能汽车达到规模化生产,实现高度智能驾驶的智能汽车在特定环境下市场化应用。"这说明,智能网联汽车不是对汽车产业发展的颠覆,而是汽车产业的转型升级。因此,从"增量"角度分析未来智能网联汽车产值规模更具现实意义。其"增量"主要来自两个部分:一是指在传统汽车产业原有业务的基础上进行智能化、网联化升级所带来的产值变化;二是汽车智能化、网联化发展中的新增业务所带来的汽车产业产值变化。

目前我国主流整车企业均已大规模量产 L2 级智能网联汽车,汽车智能化产值增量初具规模。据中国智能网联汽车产业创新联盟与北京佐思信息咨询有限责任公司(以下简称佐思汽研)共同整理的数据统计,2020 年 1–10 月,我国乘用车新车市场中具有车道保持系统(LKS),同时又具有自适应巡航(ACC)或自动紧急制动(AEB)功能等 ADAS 功能的车型销量占比 14.6%,辅助驾驶功能已经开始得到大量装配与应用。

基于以上分析,并鉴于智能网联汽车的特殊性,本报告对智能网联汽车产值规模的测算聚焦在整车为实现智能化功能和网联化功能所产生的新增产值和相关零部件所带来的产值,不包括智能网联汽车发展对交通基础设施建设、通信运营、智能驾驶车辆营运服务以及车辆后市场、数据挖掘应用等产业发展所带动的产值,如图 1.6 所示。

经综合测算,2020 年因智能化与网联化所带动的新增产值约为 3 100 亿元,约占汽车产业总产值的 4%,包括:

(1)乘用车智能驾驶功能新增产值与零部件产值,网联化功能新增产值与零部件产值,智能座舱功能新增产值与零部件产值;

(2)客车智能驾驶功能新增产值与零部件产值,网联化功能新增产值与零部件产值;

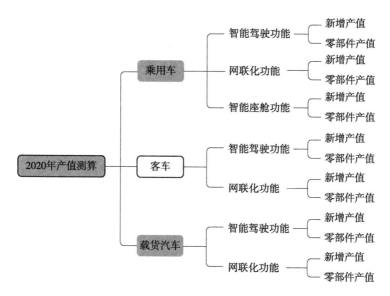

图 1.6 2020 年智能网联汽车产值测算模型

（3）载货汽车智能驾驶功能新增产值与零部件产值，网联化功能新增产值与零部件产值。

（一）乘用车

采用中国汽车工业协会公布的汽车销量数据（如表 1.1 所示）对乘用车整体销量进行预测。

表 1.1　2018 年 1 月至 2020 年 10 月乘用车销量　　单位：万辆

项目	2018 年	2019 年	2020 年 1—10 月
乘用车	2 352.9	2 136.0	1 549.5

数据来源：中国汽车工业协会

根据中国汽车工业协会发布的我国汽车销量数据统计，2020 年 1—10 月乘用车销量 1 549.5 万辆。同时值得注意的是，2020 年上半年因疫情影响，前 4 个月汽车销量出现了大幅度下降，从 5 月开始，乘用车销量同比 2019 年开始正增长。根据中国汽车工业协会产销数据统计，2019 年 11—12 月乘用车销量 427 万辆，则预估 2020 年全年乘用车销量约为 2 000 万辆。

据佐思汽研对智能化产品销售情况的统计数据，2020 年 1—10 月，全国乘用车 L1（具备 ACC 或 AEB 功能的）新车占比 16.2%，L2（具备 ACC 或 AEB，且具备 LKS 功能的）新车占比 14.6%。车联网功能新车占比接近 50%；液晶中控、液晶仪表、HUD 等主要智能座舱功能占比分别约为：79.00%、19.80%、2.86%。以此数据对全年乘用车产值进行进一步测算。

计算公式为：

乘用车产值规模 = SUM（智能驾驶功能新增产值，网联化功能新增产值，智能座舱新增产值）

其中：

××新增产值 = 2020 年乘用车销量 × 各功能市场装配率（包括：L0、L1、L2、网联化、智能座舱）×（整车新增价值 + 搭载零部件价值）

其中，整车新增价值，即因搭载该功能平均每车新增售价，根据整车生产企业问卷调查数据和从市场获得的公开数据测算；搭载零部件价值，即因搭载该功能所增加零部件成本，根据整车生产企业问卷调查数据测算。

（二）商用车

根据中国汽车工业协会数据，2018 与 2019 年商用车（包括客车和载货汽车）销量平均每年约 430 万辆，其中 2019 年货车销量约为 390 万辆，客车约为 50 万辆（如表 1.2 所示）；4 月以来，商用车销量同比 2019 年开始正增长，受疫情影响较小。根据 2019 全年销量，预计 2020 年全年载货汽车销量 420 万辆，其中重卡 160 万辆；客车销量 50 万辆，其中 9 米以上营运车辆 1.5 万辆。

表 1.2　2018 年 1 月至 2020 年 10 月商用车销量　　单位：万辆

项目	2018 年	2019 年	2020 年 1—10 月
客车	48.9	47.2	33.8
载货汽车	379.1	388.8	386.6
总量	428.0	436.0	420.4

数据来源：中国汽车工业协会

商用车 2020 年产值规模预测，采用中国汽车工业协会公布的汽车销量数据和国家强制性标准对车辆智能网联化功能的要求（如表1.3所示），其判定依据是：满足《营运客车安全技术条件》《营运货车安全技术条件第1部分：载货汽车》《机动车运行安全技术条件》等强制标准要求，9米以上营运车辆自2020年起应安装AEB，全部客车应当安装车载终端，12吨以上载货汽车自2020年9月起应安装LDW与FCW，2020年全年12吨以上载货汽车应当安装车载终端。

表1.3 商用车智能网联化功能要求

车型	对应功能	强制标准对相应功能的具体要求
客车	智能驾驶	依据JT/T 1094—2016《营运客车安全技术条件》要求，车长>9米的营运客车，应装备车道偏离预警系统（2018年6月起）与自动紧急制动系统（预警2018年4月起，AEB 2019年4月起）
客车	车联网	根据GB 7258—2017《机动车运行安全技术条件》要求，所有客车应当安装行驶记录仪，根据JT/T 1094—2016《营运客车安全技术条件》要求，营运客车应当具备车载终端
载货汽车	智能驾驶	依据JT/T 1178.1—2018《营运货车安全技术条件第1部分：载货汽车》要求，总质量大于12吨且最高车速大于90千米/时的载货汽车，应当安装车道偏离预警系统（2020年9月起）、车辆前向碰撞预警功能（2020年9月起）与自动紧急制动系统（2021年5月起）
载货汽车	车联网	依据JT/T 1178.1—2018《营运货车安全技术条件第1部分：载货汽车》要求，总质量大于12吨载货汽车，应当安装车联网车载终端

1. 客车产值预测计算公式

客车产值规模 = SUM（智能驾驶功能新增产值，网联化功能新增产值）

其中：

智能驾驶功能新增产值 = 2020年9米以上营运客车销量 × （整车新增价值 + 搭载零部件价值）

网联化功能新增产值 = 2020年客车销量 × （整车新增价值 + 搭载零部件价值）

整车新增价值与搭载零部件价值：同乘用车。

2. 载货汽车产值预测计算公式

载货汽车产值规模 = SUM（智能驾驶功能新增产值，网联化功能新增产值）

其中：

智能驾驶功能新增产值＝2020 年 9—12 月 12 吨以上载货汽车销量×
（整车新增价值＋搭载零部件价值）

网联化功能新增产值＝2020 年 12 吨以上载货汽车销量×
（整车新增价值＋搭载零部件价值）

整车新增价值与搭载零部件价值：同乘用车。

五、2025 年我国智能网联汽车产值规模预测

智能网联汽车产业未来市场空间巨大。根据麦肯锡预测，到 2025 年全球无人驾驶汽车可产生 2 000 亿～1.9 万亿美元的产值。

综合国内权威机构对 2025 年汽车销量的预测、《节能与新能源汽车技术路线图（2.0 版）》（以下简称《路线图 2.0》）对智能网联汽车发展的研判和本课题调研中获得的信息，总体判断，到 2025 年，我国 L2、L3 级智能网联汽车将占当年汽车市场销量的 50%，L4 级智能网联汽车开始进入市场。届时运行在部分城市道路与限定区域的高级别智能驾驶示范运行车辆将形成一定规模，包括智能驾驶出租车、港口码头用车、矿山用车、园区景区用车、环卫用车、城市物流用车等，对整车产值的提升有一定贡献（如图 1.7 所示）。同时，智能网联汽车的发展，也对交通基础设施建设、通信运营、智能驾驶车辆营运服务以及车辆后市场、数据挖掘应用等相关产业形成带动作用。

据此计算，2025 年智能网联汽车新增产值预计在 8 000 亿元左右，包括：

（1）乘用车智能驾驶功能新增产值与零部件产值、网联化功能新增产值与零部件产值、智能座舱功能新增产值与零部件产值；

（2）客车智能驾驶功能新增产值与零部件产值、网联化功能新增产值与零部件产值；

（3）载货汽车智能驾驶功能新增产值与零部件产值、网联化功能新增产值与零部件产值。

以上计算中所涉及的核心数据说明如下：

第一章 智能网联汽车产业发展现状和预测

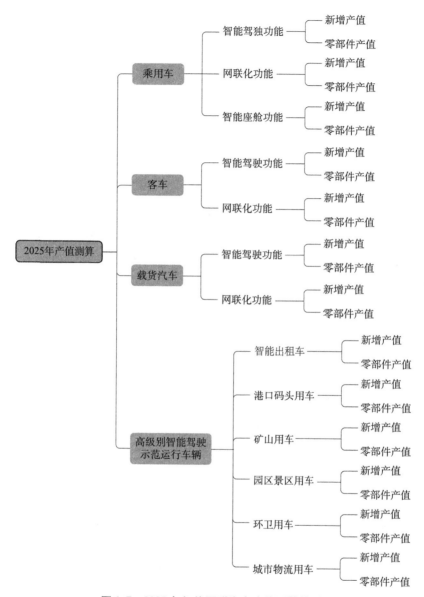

图1.7 2025年智能网联汽车产值测算模型

关于2025年智能网联汽车销量预测，采用国务院发展研究中心、中国汽车工业协会和中国汽车技术研究中心的预测分析数据（如表1.4所示），课题组认为，在不考虑新冠疫情的影响之下，2025年预计新车销量约为2 800万～3 000万辆，其中乘用车为2 450万辆左右，载货汽车为390万辆左右，客车为50万辆左右。

表1.4 国内权威机构对2025年汽车销量的预测

项目	2025年新车销量预测	预测依据
国务院发展研究中心 （2019年9月预测）	2 900万辆左右	潜在增速为4%~5%， 2028年销量达3 300万辆
中国汽车工业协会 （2019年12月预测）	2 790万~2 903万辆	2021年增长率为-2%~0， 2022年增长率为0~2%
中国汽车技术研究中心 （2019年12月预测）	891万~3 002万辆	预测2024年为2 780万辆， 2025年增速4%~8%

关于2025年乘用车智能网联化功能装配率的预测，采用《路线图2.0》发布的数据，即：2025年L1新车占比约30%、L2新车占比约45%、L3新车占比约5%、具备C-V2X通信模块新车占比约50%、具备车联网通信功能（传统4G）新车占比约30%。L0级辅助驾驶功能基本被更高级别智能驾驶系统所取代。在智能座舱部分，具备液晶中控屏的新车销量趋近100%，具备液晶仪表盘、HUD的新车销量占比分别约为50%、10%。

关于2025年商用车智能网联化功能装配率的预测，主要依据来自两个方面：一是假设2025年国家强制性标准对商用车智能网联化功能装配率没有新要求；二是根据《路线图2.0》的研判，到2025年商用车将出现L3级别智能驾驶功能商业化应用，但占比较低，不会超过新车总量的5%。高级别智能驾驶示范运行车辆在智能网联汽车中的占比，根据市场发展速度、企业战略规划与细分市场容量进行预测。

（一）乘用车

乘用车产值规模 = SUM（智能驾驶功能新增产值，网联化功能新增产值，智能座舱功能新增产值）

其中：

××新增产值 = 2025年乘用车销量×各功能市场装配率
（包括：L1、L2、L3、网联化、智能座舱）×
（整车新增价值+搭载零部件价值）

整车新增价值，即因搭载该功能平均每车新增售价，根据整车企业问卷调查数据与市场趋势预测；搭载零部件价值，即因搭载该功能所增加零部件成本，根据整车企业问卷调查数据与市场趋势预测。

（二）客车

客车产值规模＝SUM（智能驾驶功能新增产值，网联化功能新增产值）
其中：
智能驾驶功能新增产值＝2025年9米以上营运客车销量×
（整车新增价值＋搭载零部件价值）＋
2025年客车销量×L3级智能驾驶
装配率×（整车新增价值＋
搭载零部件价值）
网联化功能新增产值＝2025年客车销量×（整车新增
价值＋搭载零部件价值）
整车新增价值与搭载零部件价值：同乘用车。

（三）载货汽车

载货汽车产值规模＝SUM（智能驾驶功能新增产值，
网联化功能新增产值）
其中：
智能驾驶功能新增产值＝2025年12吨以上载货汽车销量×
（整车新增价值＋搭载零部件价值）＋
2025年载货汽车销量×L3级智能驾驶
装配率×（整车新增价值＋
搭载零部件价值）
网联化功能新增产值＝2025年12吨以上载货汽车销量×
（整车新增价值＋搭载零部件价值）
整车新增价值与搭载零部件价值：同乘用车。

（四）高级别智能驾驶示范运行车辆

高级别智能驾驶示范运行车辆产值规模＝SUM（不同场景下
示范运行车辆新增产值）
其中：

××新增产值＝2025年该场景下预计新增车辆×（整车新增
价值＋搭载零部件价值）

整车新增价值，即该场景下示范运行车辆对比传统车每车新增售价，由整车企业与技术方案商调研数据与市场趋势预测；搭载零部件价值，即因搭载智能驾驶功能所增加零部件成本，由整车企业与技术方案商调研数据与市场趋势预测；示范运行场景包括智能出租、港口码头、矿山、园区景区、环卫、城市物流。

六、我国智能网联汽车中长期发展趋势

发展智能网联汽车，是在新一轮科技革命和产业变革背景下，汽车产业实现转型升级的必然选择，并因此受到世界各国的高度重视，将其作为构建未来智能社会的支撑点。美国于2020年颁布了《确保美国智能驾驶汽车技术的领导地位：智能驾驶汽车4.0》和《IT 2020—2025规划》；日本政府提出了智能驾驶推进时间表，明确2020年将实现高速公路上L3级智能驾驶，L2级以上载货汽车编队行驶，特定区域内配送服务车辆L4级智能驾驶，并为此修订了《道路交通法》和《道路运输车辆法》；欧盟发布了指导智能驾驶/智能交通协同发展的顶层设计规划和路线图。

我国政府高度重视智能网联汽车的发展，《智能汽车创新发展战略》明确了我国智能网联汽车发展的方向和六大体系任务，国家制造强国建设领导小组车联网产业发展专委会先后召开三次全体会议，协调产业发展的重大问题。在政府政策的指引下，我国智能网联汽车技术发展路径更加清晰，产业体系不断完善。

《路线图2.0》规划了智能网联汽车发展的总体目标，如图1.8所示。到2035年，中国方案智能网联汽车技术和产业体系全面建成，产业生态健全完善，整车智能化水平显著提升，各类网联式高度智能驾驶车辆大规模应用。

《路线图2.0》制定了乘用车的智能化、网联化分阶段发展目标与里程碑（如图1.9所示），此处乘用车为轿车，其功能包括城市道路智能驾驶、停车场智能驾驶等。

第一章 智能网联汽车产业发展现状和预测 | 25

	2025年	2030年	2035年
总体目标	确立中国方案智能网联汽车发展战略，形成跨部门协同管理机制	中国方案智能网联汽车成为国际汽车发展体系重要组成部分	中国方案智能网联汽车产业体系更加完善，与智能交通、智慧城市产业生态深度融合，打造共享和谐、绿色环保、互联高效、智能安全的智能社会，支撑我国实现汽车强国、步入汽车社会，各类网联式高度智能驾驶车辆广泛运行于中国广大地区
	PA、CA级智能网联汽车销量占当年汽车总销量的比例超过50%，HA级智能网联汽车开始进入市场，C-V2X终端新车装配率达50%	PA、CA级智能网联汽车销量占当年汽车总销量的比例超过70%，HA级车辆占比达20%，C-V2X终端新车装配基本普及	
	网联协同感知技术在高速公路、城市道路节点和封闭区域成熟应用，具备网联协同决策功能的车辆进入市场。HA级智能网联汽车实现限定区域和特定场景商业化应用	具备车路云一体化协同决策与控制功能的车辆进入市场。HA级智能网联汽车在高速公路广泛应用，在部分城市道路规模化应用	

图1.8 智能网联汽车发展总体目标

资料来源：《路线图2.0》①

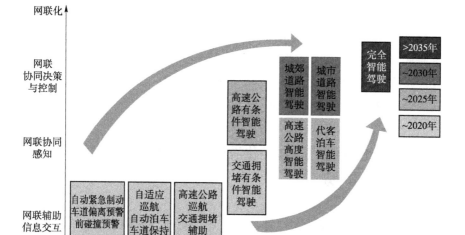

图1.9 智能网联乘用车发展里程碑

资料来源：《路线图2.0》

---

① DA级=L1级，PA级=L2级，CA级=L3级，HA级=L4级，FA级=L5级。

2025 年左右，CA 级智能驾驶乘用车技术将规模化应用，HA 级智能驾驶乘用车技术开始进入市场。

2030 年左右，HA 级智能驾驶乘用车技术将规模化应用，典型应用场景包括城郊道路、高速公路以及覆盖全国主要城市的城市道路。

2035 年以后，FA 级智能驾驶乘用车开始应用。

放眼未来，智能网联汽车发展将呈现以下特点：

（一）从单车智能化逐步向智能化与网联化相融合的路径发展

近年来，智能化网联化技术融合式发展的路线正得到越来越多国家的认可。在 2019 年欧盟发布的网联式智能驾驶发展路线图中，强调车与交通设施的信息传输关系，突出数字化基础设施对智能驾驶车辆的支撑等级和作用。2020 年 5 月美国汽车工程师学会（Society of Automotive Engineers）新修订发布的《道路机动车辆协同智能驾驶定义与分级》（SAE J3216）标准中，也在进一步探究智能化与网联化融合模式。其背景是城市发展中的道路交通场景复杂程度越来越高，仅凭单车智能化方案难以在量产车上实现无人驾驶，必须采取智能化与网联化相融合发展的思路，才能有效弥补单车智能化存在的能力盲区和感知不足，降低对自身搭载传感器、硬件性能等要求，降低单车成本，有利于快速实现智能驾驶，并由此提出了对高速无线通信系统、智能化道路系统、交通信息网络、大数据管理平台和信息安全等协同发展、高度融合的更高要求。

（二）智能驾驶推进汽车软件化进程，新型电子电气架构将成为未来发展趋势

为应对车辆智能化与网联化发展趋势，大众、戴姆勒、博世、松下、上汽等公司已开始聚焦软件技术开发能力建设，全力推进汽车软件化进程。为满足各种新增功能需要，汽车上拥有少则数十个、多则近百个电子系统，它们由不同的电子控制单元组成，这种碎片化的汽车电子系统的缺陷越来越明显，已经难以满足未来汽车软件化的需求，基于域控制器、中央计算平台的电子电气架构将成为未来的趋势（如图 1.10 所示）。其优势在于两个方面：一是可使车辆软硬件分离，充分利用硬件

性能，提高软件复用率，降低整体成本；二是由整车企业主导核心算法开发，自主决定软件系统的开发与应用，掌握对整车OTA（Over-the-Air Technology，空中下载技术）升级能力，从而实现车辆性能、功能的持续优化与迭代更新。

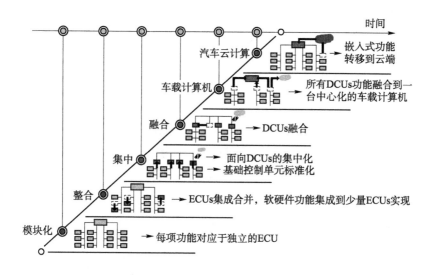

图1.10 某企业电子电气架构演进趋势

（三）智能网联汽车将在特定场景优先得到实践应用，并逐步向市郊道路、高速公路、特定环境等场景拓展

从技术层面来看，限定区域运营场景由于具有路况简单、线路相对固定、车速相对较低、交通参与者较少等特点，更有利于智能驾驶功能实现。相较之下，大范围不定线路运营的场景、复杂交通环境场景和极端恶劣天气下运营的场景，短时间内难以实现安全可靠的智能驾驶功能。因此，智能网联汽车的产业化应用将沿着由低速封闭场景向低速开放场景/高速封闭场景，再向高速开放场景的顺序实现，进而实现商业化运行。

对于商用车辆，相对封闭的矿区和港口等特定环境，为智能网联汽车的应用提供了良好条件，企业追求运营成本不断降低的价值驱动，也为智能驾驶汽车产品的落地提供了重要的突破口。

(四) 加速建设路侧智能化基础设施，连接云控平台与智能网联汽车，形成多级化智能网联交通体系

毋庸置疑，通过路侧基础设施智能化，可以有效提升交互实时性和车辆定位精度，并提高信息交互效率。其一，通过车联网技术，能够实现智能网联汽车与周边车辆、行人等周边交通参与方的信息交互及其相关场景应用；其二，通过与云控平台交互获取全域交通信息，与智能驾驶汽车共享实时高精度地图和高精度传感器信息，可以保障车辆最高效、最节能行驶；其三，通过智能化的路侧基础设施，可以在不依赖全球导航卫星系统和地基增强系统的前提下，对以车辆、行人为主的交通参与者实现全时、全方位、全要素亚米级高精度定位，且准确可靠。

由此可见，路侧智能化基础建设是一项复杂的系统工程，是多级化的智能网联交通体系建设的核心（如图 1.11 所示）。

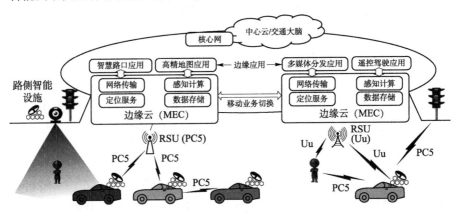

图 1.11 多级化智能网联交通体系

(五) 智能网联汽车对推动汽车产业生态重构和数字社会建设方面的带动作用更加突出

汽车产业进入全新时代，产业边界不断扩展，除了原处于产业中心的汽车制造企业，众多为智能网联汽车开发和生产提供软硬件支撑的科技公司、为社会提供汽车共享使用的出行服务运营商、为智能网联汽车运行提供支撑的服务商和内容商及基础设施的建设与运营单位，都将成为未来汽

车产业的重要组成部分,并将从智能网联汽车的发展中受益,过去线型链状的产业链也将由此逐渐演变为立体网状的生态系统。由此,智能网联汽车的发展,可以充分发挥带动相关产业转型升级的作用。

2020年11月发布的《中共中央关于制定国民经济和社会发展第十四个五年规划和二〇三五年远景目标的建议》提出:"加快数字化发展。发展数字经济,推进数字产业化和产业数字化,推动数字经济和实体经济深度融合,打造具有国际竞争力的数字产业集群"。加强数字社会建设、提升社会治理的数字化和智能化水平是其重要内容,智能网联汽车与智慧城市、智能交通的融合,是数字社会建设的重要推进器(如图1.12所示)。

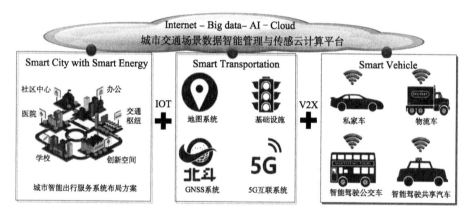

图1.12　智能网联汽车与智慧城市、智能交通融合发展示意图

但是,智能网联汽车的快速发展,给城市管理和产业安全带来新挑战,首当其冲的是由其带来的信息安全问题和如何实现产业链安全可控的问题。如何解决这些问题,需要创新的思维和切实可行的行动。

第二章 我国智能网联汽车产业人才现状及需求分析

一、人才的基础信息分析和量的需求

我国从 20 世纪 90 年代开始，以高校为主体，启动了智能网联汽车的研发工作。随着近年来国内整车企业和众多科技公司的加入，人才队伍规模不断扩大。

据统计，2019 年汽车行业从业人员约 551 万人，研发人员总数约为 55.1 万人[①]。中国人才研究会汽车人才专业委员会提供的数据显示，截至 2019 年底拥有智能网联汽车专利的企业数量达到 937 家，在岗研发人员总量约为 5.33 万人，依据本报告研究边界，筛选出除从事智能网联汽车道路设施智能化相关人员外的研发人员约为 4.0 万人，智能网联汽车研发人员占比约为 7.26%。中国汽车工程学会对 91 家智能网联汽车上中下游代表企业（参与调研企业名录见附录一）进行问卷调查，结果显示，截至 2019 年年底，研发人员总数约为 12.46 万人，其中智能网联汽车研发人员约为 2 万人，占比约为 16%，问卷企业智能网联汽车研发人员占比高于行业平均水平，说明问卷企业在智能网联汽车领域属于头部企业，更具代表性。

智能网联汽车研发人员主要集中在从事智能网联汽车的 ICT 企业、整车生产企业、T1 和 T2 零部件供应商、综合技术服务型企业以及相关科研院所，其工作内容主要集中在系统工程师（包含整车架构工程师、系统/模块架构工程师）、软件工程师、硬件工程师、算法工程师、测试工程师等五大岗位族，分布于系统设计/集成、环境感知、决策控制、网络通信、大数据、云基础平台、人工智能、安全技术、地图定位、标准法规等 10 个技术领域，涉及的主要岗位有 ADAS 系统工程师、车联网系统工程师、电子架构工程师、线控底盘系统工程师、ADAS 系统测试工程师、决策与路径规划算法工程师、感知融合算法工程师、定位融合算法工程师、嵌入式软件工程师、App 开发工程师、信息安全工程师、云计算平台系统工程师、

---

① 据《中国汽车工业年鉴（2020版）》的统计数据，2019 年汽车产业从业人员数量为 551 万人；据中国汽车报《把民族汽车品牌搞上去——我们需要什么样的研发人员》一文，2019 年国内车企研发人员占比 10%。

T – Box 系统工程师、测试系统工程师等。

(一) 人才现状

企业问卷调查数据显示，目前从业人员本科以上学历占比超过 93%（如图 2.1 所示）；年龄以 26～40 岁人员居多，占比接近 80%（如图 2.2 所示）；大多数人员的职称为工程师或者助理工程师，高级工程师和资深工程师相对占比不高（如图 2.3 所示），这种职称分布与年龄结构有关。

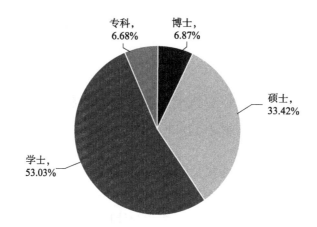

图 2.1　智能网联汽车研发人员学历分布

数据来源：中国汽车工程学会企业问卷调查数据

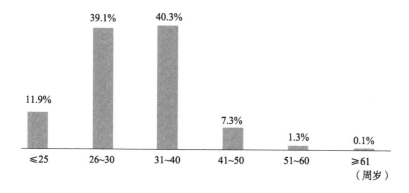

图 2.2　智能网联汽车研发人员年龄分布

数据来源：中国汽车工程学会企业问卷调查数据

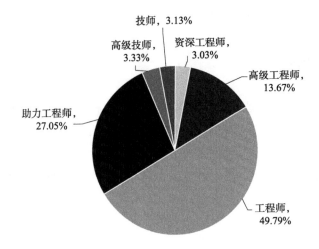

图 2.3　智能网联汽车研发人员职称分布

数据来源：中国汽车工程学会企业问卷调查数据

（二）人才专业分布：计算机类、电子信息类和自动化类专业毕业生正在成为智能网联汽车研发人员的主力军

从专业背景看，计算机类专业毕业生人数占比明显超过车辆工程专业（如表 2.1 所示），是当前智能网联汽车研发人员的主力军，而电子信息类和自动化类毕业生近几年来也逐渐成为智能网联汽车研发人员中的主力军，分别排名第三和第四。

表 2.1　智能网联汽车研发人员学科（专业）分布

序号	学科（专业）名称	人员占比
1	计算机类	23.17%
2	车辆工程	20.01%
3	电子信息类	19.70%
4	自动化类	15.68%
5	机械类（除车辆工程专业外）	12.42%
6	交通运输类	3.10%
7	数学类	2.65%
8	材料类	1.13%

数据来源：中国汽车工程学会企业问卷调查数据

（三）当前人才供给不足，尤其缺乏 IT 背景人才

当前智能网联汽车研发人员无论数量还是质量，都与行业需求有较大差距。企业在用人方面遇到的问题主要集中在人才数量供给不足、人力成本偏高、人才质量欠佳和离职率偏高等，本次调查中，有 29.12% 的企业认为人才数量供给不足是企业当前面临的最大问题（如图 2.4 所示）。

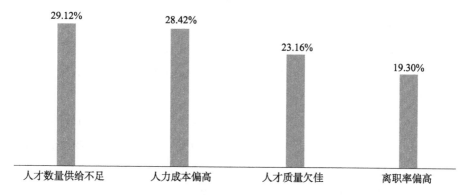

图 2.4　企业在用人方面面临的问题

数据来源：中国汽车工程学会企业问卷调查数据

课题组通过问卷调研智能网联汽车研发人员所从事的技术领域，发现其中占比最高的四个技术领域是决策控制、系统设计/集成、网络通信、云基础平台（如图 2.5 所示）。

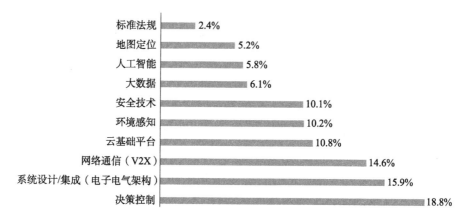

图 2.5　各技术领域工程师分布

数据来源：中国汽车工程学会企业问卷调查数据

形成这样的局面,与智能网联汽车的技术发展特点密切相关:第一,智能网联汽车本质上是在得到多路输入信息(包含路面信息、车辆运行环境信息、驾驶员输入信息等)上进行决策并控制车辆或系统运行,因而该技术领域的人员占比最多;第二,智能网联汽车的发展,无论是ADAS系统还是智能座舱,均需要大量的系统集成,或在传统汽车基础上进行系统集成;第三,智能驾驶、车联网、智能座舱是智能网联汽车的三个重要业务领域,均与网络通信强相关,同时对其他ICT企业来说,进入智能网联汽车产业,网络通信是一个重要切入口;第四,随着智能网联发展及车联网通信占比大大增加,特别是ICT企业进入智能网联汽车产业,云基础平台也是一个重要方向。这四个技术领域人才都需要有IT相关知识。

虽然有部分IT背景人才进入了智能网联汽车产业,但是随着智能网联汽车快速发展,对车辆决策控制、V2X通信、信息安全等技术领域的人才需求也随之快速增长,而除智能网联汽车外,智能制造、人工智能、区块链、工业互联网和关键软件等产业和领域也需要大量IT背景工程师。通过走访调研,企业普遍反映现阶段尤其缺乏IT背景人才。IT背景人才难招、难留、难用,薪酬要求高,在工作流程和工作语言、思路上难以融入汽车企业的研发工作,这是智能网联汽车产业人才方面面临的主要问题之一。

(四)未来研发人员需求呈爆发式增长

随着智能网联汽车发展步伐的加速和龙头企业的加快布局,未来几年各类机构对智能网联汽车研发人员的需求将呈现爆发式增长。对91家企业反馈的2025年研发人员需求数据进行统计分析,结果显示,2019年到2025年的年复合增长率约为10.65%,各类型企业2025年相对2019年增长率均在70%以上(如表2.2所示)。综合对91家企业的调查结果,预计到2025年智能网联汽车研发人员在汽车研发人员中的占比将由目前的16.02%上升到28.11%(如图2.6所示)。

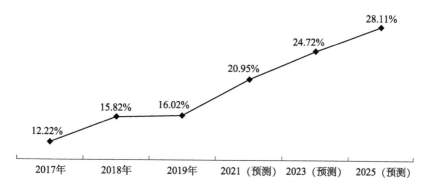

图2.6 智能网联汽车研发人员在汽车研发人员中占比

数据来源：中国汽车工程学会企业问卷调查数据

表2.2 智能网联汽车研发人员数量统计及需求预测

企业类型	2017年/人	2018年/人	2019年/人	2021年需求/人	2023年需求/人	2025年需求/人	2025年相对2019年增长率	2019年至2025年复合增长率
整车企业	4 423	7 235	7 638	10 122	12 086	13 360	74.91%	9.77%
零部件企业	6 883	7 797	8 967	10 122	12 272	15 400	71.74%	9.43%
ICT企业	1 546	2 098	2 870	3 871	4 888	5 687	98.15%	12.07%
研究设计机构	217	301	484	964	1 604	2 177	349.79%	28.48%
总计	13 069	17 431	19 959	25 079	30 850	36 624	83.49%	10.65%

数据来源：中国汽车工程学会企业问卷调查数据

二、人才质的需求：领军人才分析和复合型人才需求

（一）领军人才现状和需求

一名真正意义上的领军人才，不仅具有顶尖的专业技术水平，更需要

具备洞察领域技术发展方向的战略眼光、市场需求的敏锐嗅觉和技术人才管理能力。在某种程度上，他们既是企业发展智能网联汽车的引领者，也是汽车产业智能网联技术发展的推动者。由于我国智能网联汽车还在起步和加速发展阶段，企业对领军人才的需求巨大，而领军人才数量稀缺，尤其既通晓底层逻辑和系统框架搭建，又有实际项目推动经验的领军人才少之又少。

目前我国智能网联汽车的领军人才主要通过两个渠道获得，一是国家重大项目的培养，二是企业海外招聘。

2015年以来，国家启动了一批重大科技专项，涉及智能电动汽车信息感知与控制关键基础问题研究（基础前沿类）、智能电动汽车电子电气架构研发（基础前沿类）、电动汽车智能辅助驾驶技术（重大共性关键技术类）、电动智能驾驶汽车技术（重大共性关键技术类）、智能驾驶电动汽车环境感知技术（重大共性关键技术类）、智能驾驶电动汽车测试与评价技术（重大共性关键技术类）、智能驾驶电动汽车集成与示范（应用示范类）等方向，在推动产业技术进步的同时培养了一批各技术领域的领军人才。目前这些人员主要集中在高等院校及科研院所。

国内领军人才的缺乏和企业间对领军人才的争夺战，导致一批有实力的企业纷纷开启了海外领军人才的招募工作。工作模式也呈现出多样性，例如在海外建立研发基地、招聘到国内专职或兼职工作、长期进行远程指导等，这些方式弥补了当前企业领军人才的不足，解决了一时之需，但长远看，立足国内培养才是万全之策。

从未来发展看，对领军人才的需求将从战略层面逐步向细分技术领域延伸。本次研究中对一些重点企业走访调研时发现，在车规级芯片、软件（操作系统）、电子电气架构、车联网、ADAS核心算法、人工智能等领域存在"卡脖子"问题，行业极度渴求领军人才带领团队进行技术攻关。

总而言之，在全球范围内各行业的领军人才都属于稀缺资源。国内企业在领军人才吸引和研究方向的规划布局上，无论是从薪酬还是相关激励政策的制定上，都要从全球竞争力出发，以便能够在国际上吸引到符合企业和产业发展需求的领军人才。

（二）研发人员需要复合型人才

领军人才无疑是复合型人才的代表人物，大到企业总师，小到一个具体项目的负责人,都需要具有跨专业的知识、能力和视野。但与传统汽车产业不同,智能网联汽车多学科融合的复杂性,决定了每个研发人员都需要具有既擅长本专业又通晓相关专业的跨学科知识体系。比如,T-Box 开发工程师既要懂得通信协议相关知识,又要了解 Linux 系统相关知识,并对自动化理论及车辆控制技术有所了解;车联网大数据工程师,不仅需要懂得大数据算法相关知识,还要了解计算机编程语言相关知识,更要了解车辆工程相关知识以及机器学习、人工智能知识。

表 2.3 给出了通过对企业走访调研,获取的部分企业对智能网联汽车领域若干岗位复合型人才技能需求示例。

表 2.3 部分智能网联汽车企业对复合型人才的技能需求(示例)

复合型人才	技能需求			
	技能1	技能2	技能3	技能4
T-Box 开发工程师	通信协议相关知识	Linux 系统相关知识	车辆控制相关知识	自动化相关知识
车联网大数据工程师	大数据算法知识	计算机编程语言相关知识	车辆工程相关知识	机器学习、人工智能知识
人工智能算法工程师	计算机编程相关知识	自动化控制类相关知识	机器学习、人工智能知识	应用数学等相关知识
感知融合工程师	决策规划、跟踪控制软件开发经验	多传感器数据处理能力	Linux 环境编程知识	自主移动机器人或智能驾驶汽车知识
Linux 系统工程师	Linux 内核/驱动开发经验	V2X 知识	通信原理知识	硬件知识
AI 数据工程师	人工智能知识	编程能力	分布式框架知识	大数据处理知识

但是课题组调研结果表明,高校供给端毕业生主要是专业型人才。首先个人问卷调研数据表明:现阶段研发人员本硕专业相同的人员约占 77%,具有多学科背景的专业技术人员偏少(如表 2.4 所示)。

表 2.4 硕士学历研发人员本科及硕士专业分布

项目		本科专业/%									
		车辆工程	电子信息类	自动化类	机械类	计算机类	数学及力学	工业设计类	仪器类	管理类	地理类
研究生专业/%	车辆工程	9.78	1.09		2.17		0.54	0.54			
	电子信息类	0.54	23.37	1.63	1.63		1.63				
	自动化类	0.54	1.09	14.67	1.63	0.54	0.54				
	机械类	1.09			8.70				1.09		
	计算机类					14.67	0.54		0.54	0.54	
	数学及力学						1.63				
	工业设计类							0.54			
	仪器类								2.17		
	管理类					0.54				0.54	
	地理类										1.09
合计											77.16

数据来源：中国汽车工程学会个人问卷调查数据

其次，从高校的专业课程设置来看，也缺乏跨学科的考虑。例如车辆工程的专业核心课程有汽车构造、汽车理论、汽车设计、机械设计、机械原理、理论力学、材料力学等，而个人问卷中车辆工程专业毕业生认为最有必要的课程还应该有 C 语言程序设计、计算机技术、自动控制理论、单片机原理等。有关课程设置在第三章还会详细阐述。

目前智能网联汽车企业面临的一大困惑是，现行教育体系下，不同专业背景的人对技术的理解存在很大差异。尤其拥有互联网背景的计算机、软件、网络通信产业人才跨界进入汽车领域，因其知识结构和对产品应用场景理解的偏差，在一定程度上影响了对汽车产品定义的时间和产品开发的周期，产品开发成本也因此而提高。跨学科的专业设置也可以解决这个问题。

三、人才保障能力分析

（一）企业人才来源与引进策略

目前智能网联汽车企业的人才来源包括社会招聘、校园招聘和企业内部培养，企业问卷显示，各部分的招聘比例分别为：41.91%、34.85%、20.53%（如图2.7所示）。

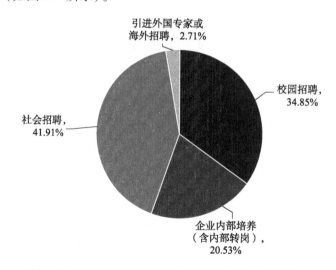

图 2.7　2019 年智能网联汽车企业新入职员工来源分布

数据来源：中国汽车工程学会企业问卷调查数据

校园招聘方面，在教育部颁布的 2018 版《普通高等学院本科专业目录》中，"智能车辆工程"被列为特设专业（专业代码：080214T），学制为四年。截至 2019 年年底，只有哈尔滨工业大学（威海）（2018 年新增）和武汉科技大学城市学院（2018 年新增）开设了此专业。因此，企业目前还无法从高校直接招聘到智能网联汽车领域的本科毕业生。同时，受到各种条件的制约,各专业本科毕业生的知识结构较为单一,企业不得不用 6~12 个月的时间为新招聘的本科毕业生补充大量原专业以外的知识,导致企业对招聘本科毕业生的积极性不高,而更欢迎在本科学习阶段和研究生学习阶段有着不同专业背景的硕士研究生和博士研究生,或采用社会招聘和内部培养方式。

社会招聘是企业为满足当前人才需求而采取的主要方式。调查发现,在企业新入职的研发人员中,社会招聘占比高达 41.91%,尤其在领军人才方面,社会招聘是最重要的方式。这一方式,可以帮助企业迅速形成智能网联汽车技术团队,并快速适应当前产业的迅猛发展。

企业内部培养(含内部转岗)也是企业人才的重要来源之一,占比 20.53%。特别是人才储备量大的整车企业和传统零部件企业大量采用这种方式。熟悉本企业开发流程,忠诚度高,是企业采用这种方式的主要驱动力。

具体到各类企业,智能网联汽车研发人员队伍建设采用的方式各有不同,在人才管理方面各具特色,这与企业在产业链上所处的地位有关,与企业所处的发展状况有关,更与企业对人才的吸纳能力有关(如表 2.5 所示)。

表 2.5 当前不同类型智能网联汽车企业的人才发展策略

序号	类型	当前人才策略
1	国有大型整车生产企业	内部转岗为主,结合与高校合作的转岗培训来补充新知识。中高端人才以社会招聘为主,要求具有带队伍的能力。部分企业单独成立"软件中心"等数字化部门,以适应新一轮的技术革命与创新发展。部分企业对智能网联汽车团队采用独立考核方式,以减轻对该领域人才开拓创新的束缚
2	民营大型整车生产企业	偏向于市场化人才机制,更加注重技术和产品的开发效率与产业化进程,当前以社会招聘为主,校园招聘相对较少。企业根据确定的战略方向,首先引进领军人才,内部团队转岗支持,项目经理与供应商形成团队,目标导向性较强
3	自主零部件企业	优秀企业有汽车配套经验,与双一流高校形成良好的合作,基于整车企业的项目解决方案进行团队搭建。重视引进海外专家,以校园招聘和内部转岗为主,配合社会招聘作为支持,注重人才的培养与技术的积累,人才相对稳定且来源途径相对均衡

续表

序号	类型	当前人才策略
4	外资零部件企业	原有汽车电子部门和底盘控制系统部门整合而来，陆续成立单独的智能网联汽车事业部，拥有完整的车联网解决方案，与整车企业配套顺利，人才团队正在进行大幅度扩充。企业正在大力推进全员数字化转型和相近岗位转岗
5	自主元器件和装备类企业	重点招收了解智能网联汽车应用场景的市场经理和项目经理，针对客户进行长周期的服务与跟踪。装备类企业对于各类嵌入式软件开发人才有较大需求
6	大型ICT企业	内部转岗为主，每年招收双一流高校毕业生，社会招聘以有工作经验的"明白人"为主要招收对象。产品线仍在打磨之中，以研发产出论英雄
7	技术集成服务类企业	主要围绕项目来布局人才团队。依托自身在专业领域的技术优势，为客户解决具体功能的技术服务。将具有项目经验的核心团队作为重点激励对象，根据项目扩张补充新员工。绩效与项目产出紧密挂钩
8	科研与测试机构	应届生招聘为主。社会招聘主要是通过相关领域跨行业挖掘人才，应届生通过实习生培养转化。需要大量智能网联汽车仿真与测试人员

（二）人才保障问题分析

课题组通过对智能网联汽车企业人才激励措施方面进行问卷调研发现，"薪酬或股权"措施对人员最有激励性，其次是职位晋升，如图2.8所示。

2019年，国家统计局数据显示，制造业就业人员的年平均工资为72 088元，低于全行业就业人员的年平均工资82 413元，排名第14位，倒数第6位，仅为信息传输、计算机服务和软件业年平均工资的48.9%（如图2.9所示）。

与传统整车和零部件企业相比，从事智能网联汽车技术研发工作的人才需要更具多学科知识、系统思维、创新意识和学习能力，在工作中能主

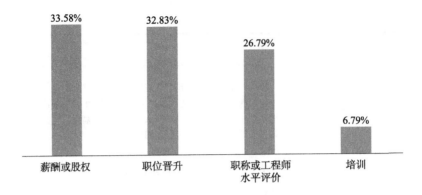

图 2.8 企业激励措施有效性

数据来源:中国汽车工程学会企业问卷调查数据

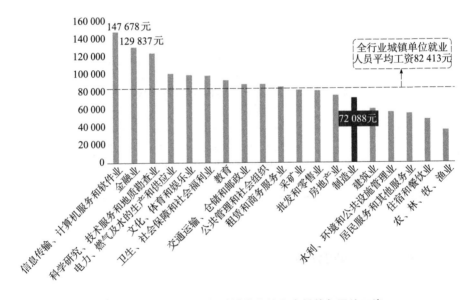

图 2.9 2019 年按行业分城镇单位就业人员的年平均工资

数据来源:国家统计局数据

动学习新的知识体系,并与多领域进行融合创新,对用户体验和科技产出也需更加敏感。因此,调动智能网联研发人员的积极性尤其重要。课题组对机械设计制造及自动化、车辆工程、测控技术与仪器、电子信息工程、能源与动力工程五个主要传统专业的毕业生毕业三年后从事智能网联汽车研发工作的月薪酬和专业平均月薪酬进行了对比,发现从事智能网联汽车研发工作的月薪酬要明显高于专业平均月薪酬(如图 2.10 所示)。

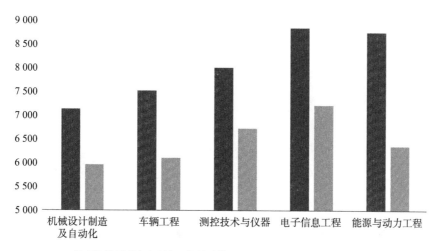

图 2.10　五个主要传统专业的毕业生从事智能网联汽车研发工作的月薪酬和专业平均月薪酬对比（毕业三年后）

数据来源：北京纳人网络科技有限公司

通常而言，进入汽车领域的控制工程、计算机科学与技术、通信与信息系统专业的毕业生主要从事互联网、通信、大数据分析、人工智能、软件、算法方面的工作，相比机械类专业（含车辆工程）和能源动力类专业毕业生有着更好的薪酬待遇，但与该专业毕业生平均薪酬比较，其薪酬并不具有优势（如图 2.11 所示）。因此，汽车行业对他们并不具有太强的吸引力。这是由汽车产业长期以来的薪酬水平结构所决定的，同时 IT 背景工程师进入汽车行业存在工作语言、思维方式、工作流程、知识结构等障碍，导致这些专业的优秀人才不愿进入汽车行业。

图 2.12 是将五个传统专业和三大 IT 专业的毕业生薪酬综合在一起，可以看出，三大 IT 专业的毕业生平均月薪酬大幅高于前五个专业的毕业生平均月薪酬，而且在智能网联汽车行业，三大 IT 专业的毕业生月薪酬明显高于前五个专业的毕业生月薪酬，但依然低于本专业平均月薪酬，但在五个传统专业的薪酬对比中，从事智能网联汽车行业的毕业生月薪酬远远高于专业平均月薪酬。这也是当前企业无法吸引 IT 背景人才进入行业的重要原因。

通过对多家企业进行走访调研发现，为应对该局面，已有不少智能网联汽车企业开始探索出多种手段拓宽企业的人才渠道，如东风公司针

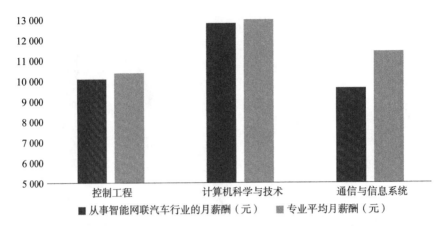

图 2.11　三大 IT 专业的毕业生从事智能网联汽车行业的月薪酬与专业平均月薪酬对比（毕业三年后）

数据来源：北京纳人网络科技有限公司

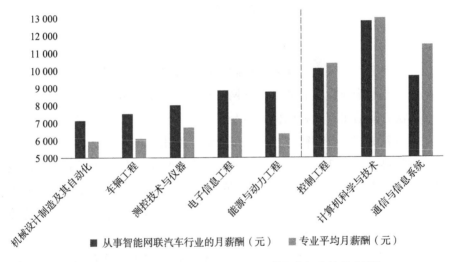

图 2.12　八个专业的毕业生从事智能网联汽车行业的月薪酬与专业平均月薪酬对比（毕业三年后）

数据来源：北京纳人网络科技有限公司

对智能网联汽车岗位开展社会化招聘以及采用更灵活的薪酬政策（协议工资）；博世汽车针对全体技术人员进行数字化培训；上汽集团对车辆专业毕业生进行软件测试，筛出具有初步软件能力的车辆专业工程师等。

企业深访中，有些企业提到除薪酬和股权激励外，也在寻找创新型的激励措施,例如鼓励员工创业、股改、项目跟投等,这些措施有利有弊。以项目跟投机制为例,有些企业为了打造凝魂聚气的狼性团队,顺利推进项目,牵引团队成员注重产品全生命周期经济效益,促进团队高效协同,在大中型项目中实施跟投激励措施,将项目利益与员工利益挂钩,形成员工和公司收益共享、风险共担的共同体。课题组通过企业调研和企业员工座谈,详细了解了项目跟投激励措施的设置原则、目的及效果(如表2.6所示)。

表 2.6　项目跟投激励措施简介及效果反馈

设置原则	1. 跟投奖金分配:项目奖金一定的情况下,大部分奖金分配给跟投员工,少部分分配给非跟投员工; 2. 跟投范围:项目管理人员和业务骨干,一般不能离开这个项目; 3. 投资区间:根据员工层级,每个层级设定一个投资区间,层级不同投资区间不同,在此区间内,跟投员工选择投资金额; 4. 投资方式:在规定项目节点时间区间内,每月从跟投员工工资中扣减投资金额; 5. 本金返还及奖励发放:产品量产上市一段时间后,用既定的质量、利润等目标进行考核,依据考核结果,进行本金返还和奖励发放。		
设置目的	1. 提升员工士气,提高员工工作主动性,培养员工主人翁精神,强化其对项目的信心感、责任感、担当感; 2. 培养员工的大局意识,提升员工的协同力; 3. 与非跟投员工对比,给予跟投员工更多的奖金分配,加强业务骨干与项目的黏性。		
部分跟投人员心声	受访对象	正面反馈	负面反馈
	项目经理A	在调动员工积极性上,效果比较好,用关键指标考核,目标更清晰;员工主动性更好,会主动协作,思考方式也发生转变;目标达成,奖励幅度较大,尤其是爆款产品,对员工的激励是超出预期的;对员工有一定的黏性,员工会将更多的关注力投到项目上	计划离职的员工,找到了价值更高的工作,不会在意此激励措施
	项目总师B		仁者见仁,智者见智,为自我实现和认可度工作,不影响本人对工作的热情;强制要求,则选择投最低投资金额
	项目副总师C	本人愿意投,不过奖金比例没有达到预期;跟投员工积极性更高	非跟投员工积极性不足;一般不愿意跟投的员工是担心团队不一起努力,不愿公司扣工资

续表

受访对象		正面反馈	负面反馈
部分跟投人员心声	行政主管/项目员工D	激励机制是正向的，利大于弊，激励效果对管理人员更好，对跟投员工的激励效果稍逊一筹；跟投会提升项目领导对员工的信任	根据销量，按照投资金额的比例给员工发放奖金不太科学，因为不仅研发影响销量，车型定位等因素也会影响销量，而且其影响力会更大；对员工的绑定作用不明显，因为投的金额不大
	员工E		个人认为跟投意义不大，对工作积极性没有影响
	员工F	想投，但是名额有限，不在跟投范围内，未投	
	员工G		无跟投意识，所以未参与

项目跟投的缺点是不能将参与了该项目的全部员工纳入跟投范围内，部分想跟投但未能跟投的员工的工作热情会降低；项目跟投的优点是鼓舞了骨干员工士气，同时员工跟投情况帮助项目领导了解团队成员的思想动态。从激励效果来看，因为跟投奖励与后期销量挂钩，爆款车型获得的奖励超过了员工预期，员工反响好，增强该项目团队成员信心，工作责任心和热情会持续；但因车型定位影响销量的项目，跟投员工的抱怨声偏多。

（三）人才满意度及离职率分析

课题组的企业问卷数据表明，当前企业对智能网联汽车研发人员基本满意，其中对总体人员数量的满意度为3.07[①]，对人员质量的满意度为3.31（如图2.13所示）。究其主要原因，一方面是企业招聘人员之后会进行岗前培训，优秀企业还会安排"传帮带"；另一方面有志于投身智能网联汽车领域的人才大多比较愿意接受创新和学习新的知识体系，容易快速适应新的工作环境，对于不能适应的人员，会通过有效的体制机制进行淘汰。因此可以认为，当前从事智能网联汽车的人才是能够满足现有岗位需

---

① 满意度：非常满意=5，满意=4，基本满意=3，不满意=2，非常不满意=1。

求的。

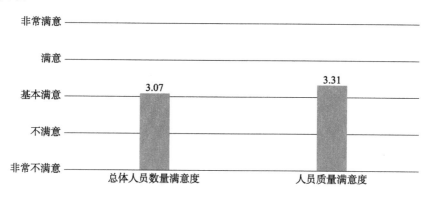

图 2.13　企业对智能网联汽车研发人员满意度

数据来源：中国汽车工程学会企业问卷调查数据

图 2.14 反映了毕业生在 3 个月内适应岗位的比例仅为 7.78%，6 个月内适应岗位的比例为 40%，高校培养人才的质量与企业的需求存在很大的差距。

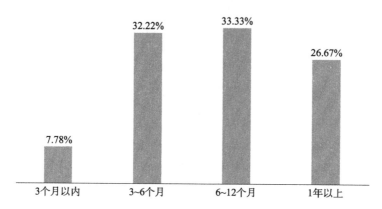

图 2.14　毕业生适应岗位的时间

数据来源：中国汽车工程学会企业问卷调查数据

企业调查问卷结果显示，32% 的企业对毕业生适应岗位的能力不满意（如图 2.15 所示），其中最需要改进的分别是：专业能力、学习能力和沟通能力（如图 2.16 所示）。

通过走访调研发现，不同类型的企业，人才满意度有所不同。

以偏向硬件和软件适配为主的 T1/T2 零部件企业，对汽车电子、软件适配等专业需求量较大，这部分人才供给相对充裕，人才满意度总体较高。而激光雷达等技术含量较高的企业，由于其对感知算法工程师等高端

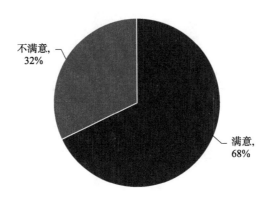

图 2.15 企业对毕业生适应岗位能力的满意度

数据来源：中国汽车工程学会企业问卷调查数据

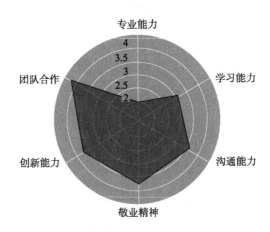

图 2.16 企业对高校毕业生六个方面能力的满意度

数据来源：中国汽车工程学会企业问卷调查数据（能力项分数越低代表企业认为越需要改进）

人才的需求较高，市场供给不足，导致总体满意度不高。整车生产企业更加注重功能的匹配和技术的集成，但相对互联网和信息通信类企业，薪资待遇缺乏竞争力，智能网联相关人才的招聘难度较大，导致招聘之后的满意度不高。

另外，综合无人驾驶技术供应商，比如百度、华为等，目前大都为 ICT 企业或互联网企业转型为智能网联汽车企业，通信人才、软件人才的积累较大，招聘体系和培养体系相对成熟，整体对人才的满意度较高，但是也同样缺乏既懂汽车控制又懂软件或通信知识的复合型人才。

个人问卷调查结果显示，37.6% 的智能网联汽车研发人员因各种原因离职,远远高于汽车行业研发人员的平均离职率12.8%[①]（如图2.17所示）。

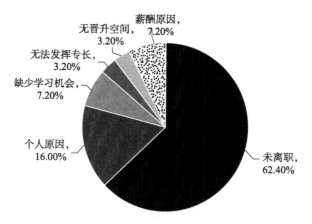

图 2.17　个人离职原因分布

数据来源：中国汽车工程学会个人问卷调查数据

进一步对离职人员所从事的技术领域及专业进行分析,发现在10个技术领域中,离职人员占比最多的4个技术领域分别是：网络通信、系统设计/集成、安全技术和标准法规（如图2.18所示）。离职人员的专业主要集中在电子信息类、计算机类及自动化类（如图2.19所示）。无论是从离职人员所从事的技术领域还是从他们所学的专业,均可看出这部分人员具有IT背景。

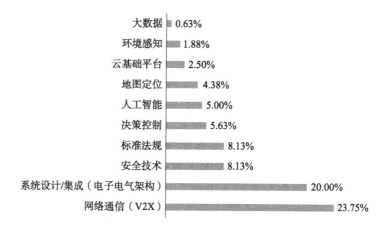

图 2.18　离职人员所从事技术领域分布

数据来源：中国汽车工程学会个人问卷调查数据

---

①　数据来源：中国人才研究会汽车人才专业委员会

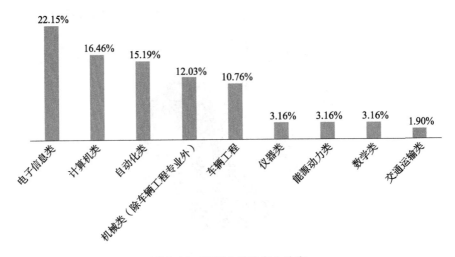

图 2.19 离职人员的专业分布

数据来源:中国汽车工程学会个人问卷调查数据

这也印证了在对部分企业进行深度走访调研中,企业反馈智能网联汽车人才方面存在留人困难现象,特别是 IT 背景人才流动性更高。企业反映,所招 IT 背景人才培养了三年左右,往往刚开始独当一面就被大批挖走,这是企业面临的一大难题。

(四) 人才保障途径

我国智能网联汽车的发展历史可以追溯到 20 世纪 80 年代。1987 年国防科技大学(以下简称国防科大)就研制出了一辆智能驾驶小车。2003 年国防科大与一汽集团合作,基于红旗 CA7460 平台打造出一辆智能驾驶轿车。3 年之后第二代智能驾驶红旗 HQ3 面市,并于 2011 年在国家自然科学基金"视听觉信息的认知计算"重大研究计划的支持下,以智能驾驶状态完成了从长沙到武汉总计 286 公里的高速公路实验,全程智能驾驶平均速度达到 85 千米/时。上述产品具备了主动安全、辅助驾驶、自主泊车、驾驶员人脸识别等功能。在上述过程中,大批智能网联汽车人才成长起来,但主要集中在高校。

近 5 年来,在国家政策的指引下和科技项目的支持下,在地方政府的大力推动下,智能驾驶汽车研究与网联技术研究的结合,推动了智能网联汽车的技术研究和产品开发。整车生产企业、零部件企业、ICT 企业和各类高科技企业纷纷加入其中，在我国智能网联汽车行业取得突飞猛进发展的同时，形成了一支富有创新活力和科技攻关能力的队伍。他们成为当前我国智能网联汽车人才队伍的主力军，为我国智能网联汽车实现技术引领和产业突破辛勤工作，贡献力量。与此同时，行业机构、企业、高校和科研院所也在通过多种方式为行业培养智能网联汽车人才，帮助破解"一将难求、人才难觅"的行业难题。

在国家层面，各部委都陆续提出了各自的高端研发团队和研发人员的顶层设计和部署方案。例如科技部设立了"新能源汽车"重点专项，是其科技计划改革的首批6个试点专项之一。专项围绕新能源汽车动力电池与电池管理系统、电机驱动与电力电子、电动汽车智能化等6个创新链，部署了38个重点研究任务。其中针对智能网联汽车，部署了3大类7个方面的研究任务，包括：①基础前沿类，重点部署了智能电动汽车信息感知与控制关键基础问题、智能电动汽车电子电气架构研发两大研究任务；②重大共性关键技术类，重点部署了电动智能驾驶汽车技术、电动汽车智能辅助驾驶技术、智能驾驶电动汽车环境感知技术、智能驾驶电动汽车测试与评价技术四大研究任务；③应用示范类，重点部署了智能驾驶电动汽车集成与示范研究任务。这些研究任务均是由国内在这一领域长期耕耘的高校和企业科研团队承担，为我国智能网联汽车领域顶级团队构建，吸引和聚集这一领域高端人才以及实现上下游企业人才互融、互利提供了有力支撑。例如，由清华大学车辆与运载学院李克强教授牵头完成的"基于共用架构的汽车智能驾驶辅助系统关键技术及产业化"项目荣获国家科技进步二等奖，杨殿阁教授牵头完成的"网联汽车电子地图关键技术及应用"项目荣获2019年度"中国汽车工业科学技术奖"特等奖，李克强教授牵头完成的"智能网联汽车云控系统关键技术及应用"项目荣获2020年度"中国汽车工业科学技术奖"特等奖。

在行业层面，由中国汽车工程学会牵头，联合汽车、信息通信、交通等领域的骨干企业，于2017年6月发起成立了智能网联汽车产业创新联盟，现有成员单位已达429家。2018年3月，以联盟中的骨干力量为核心，成立了国汽（北京）智能网联汽车研究院有限公司（以下简称国汽智联）。2020年1月，依托国汽智联建立的国家智能网联汽车创新中心揭牌。联盟、公司和中心协同，围绕国家智能网联汽车发展战略和政策标准研究、汽车控制操作系统和计算平台、高精度动态地图等共性基础平台规划建设，以及相关核心关键技术的研发等方面开展了大量工作，取得了大量惠及全行业的成果，有力支撑了国家智能网联汽车目标的实现。在此过程中培养了大量智能网联汽车产业的研发人员，成长起一批领军人才。2019年，为贯彻《国家职业教育改革实施方案》，国汽智联与高职学校联合，开启了智能网联产业高技能人才培养工作。

此外，高规格的学术研讨活动、高质量的竞赛活动也在智能网联汽车人才培养方面发挥着不可取代的作用。例如，由北京市人民政府、工业和信息化部、交通运输部、公安部、中国科学技术协会联合主办的"世界智能网联汽车大会"，以及中国汽车工程学会主办的"国际智能网联汽车技术年会"，吸引了大批科技工作者参与，成为这一领域共性知识、技术研讨的重要阵地。由国家自然科学基金委员会主办的"智能车未来挑战赛"，中国汽车工程学会主办的"中国大学生无人驾驶方程式大赛"，中国汽车技术研究中心主办的"中国智能汽车大赛"，以及中国汽车工程研究院有限公司主办的"I-VISTA智能驾驶汽车挑战赛"等，吸引了大批高校参与，成为这一领域后备人才培养的重要平台。

为解决企业在岗人员能力不足和知识更新要求，骨干企业与高校纷纷启动了人才联合培养工作。中国汽车工程学会与吉林大学合作开发了系列智能网联课程，一些科研机构和科技型企业也积极涉足相关人才培养和专业教材器具开发工作，百度等IT行业企业也发挥各自所长，开展了与高校的教育合作。

相信在上述措施的推动下，我国智能网联人才队伍的规模和能力将会在短时间内得到快速提升。

四、人才职业岗位序列

（一）职业岗位分布

1. 职业岗位情况分析

与传统汽车相同，我们可以按照技术研究、产品开发、生产制造、销售、售后服务到回收再利用的汽车全生命周期，将智能网联汽车产业的从业者划分为领军人才、研发人员、工程技术人员、生产制造人员、销售服务人员和其他专业人才。

领军人才序列，主要职能是承担公司经营管理及技术管理工作，并负责公司总体运营发展及技术发展。领军人才在行业有较大影响力，负责引领企业乃至行业智能网联重要技术发展，带领团队进行重大技术难点攻关，对汽车以及数据、信息等产业的发展方向、技术进展、商业模式等的理解和把握能力要求更高。

研发人员序列，主要职责是运用专业技术知识和实践经验，对产品设计、开发、优化迭代进行全过程管理，跟踪并研究国内外ICV相关标准法规，为平台或产品开发提供相关的试验、测试技术支持。

工程技术人员序列，主要职能是解决生产现场制造一致性技术问题。汽车生产的特点，决定了传统汽车该部分人员在原有岗位上进行相关基础培训后即可胜任。

生产制造人员序列，主要职责是智能网联汽车及零部件的现场生产及制造任务。汽车生产的特点，决定了该部分人员主要通过对现有传统汽车行业或ICT行业人员在原有岗位上进行相关基础培训后即可胜任。

销售服务人员序列，主要职责是智能网联汽车及零部件的销售及售后服务、维修。我们目前还无法预判未来智能汽车的销售和售后服务模式，但可以肯定的是，在相当长的时期内，智能网联汽车的销售将与传统汽车并行。因此这部分人员将通过对现有传统汽车行业或ICT行业人员在原有岗位上进行相关基础培训后即可胜任。

其他专业人才的主要职责是：利用专业知识提高公司运营效率或保证公司正常运营，规避相关风险，如财务、人事、法务等岗位。该部分人才主要是对现有传统汽车行业或ICT行业人员在原有岗位上进行相关基础培训后即可胜任。

根据智能网联汽车当前所处的发展阶段和智能网联汽车相对传统汽车各岗位序列能力要求的变化程度，本课题岗位序列研究中主要关注研发人员序列。

智能网联汽车仍然保留着传统汽车的主要结构，包括底盘、动力总成和车身等，新增模块主要包括智能驾驶、车联网和智能座舱三大模块。围绕智能网联汽车的新增模块，结合整车及零部件企业的组织构架，课题组将智能网联汽车研发人员分为六种不同类型,分别为整车架构工程师、系统/模块架构工程师、软件工程师、硬件工程师、算法工程师和测试工程师,归类为五大岗位族,即系统工程师(包含整车架构工程师、系统/模块架构工程师)、软件工程师、硬件工程师、算法工程师和测试工程师(如表 2.7 所示)。

表 2.7 岗位族名称及定义

岗位族名称	岗位族定义
系统工程师	负责智能网联汽车整车系统、零部件或子系统的整体功能定义架构设计,以及下级系统性能分解、整体进度管控和目标达成
软件工程师	根据项目要求进行软件部分的设计,主要工作为:需求获取、软件开发规划、需求分析和设计、编程实现、软件调试。需要说明的是,软件设计划分在系统工程师中
硬件工程师	负责智能网联汽车相关零部件的产品和技术等的规范和需求,包括:零部件的软硬件性能、软硬件接口、功能实现方法;按照智能驾驶的规划要求,在和功能系统部门合作的基础上,与供应商一起制定或商讨零部件未来的技术和产品规划
算法工程师	负责智能网联汽车算法开发(L0 ~ L5)及大数据处理分析,包括预测、规划、多传感器融合、高精度定位、控制算法等领域方向,同时对现有算法进行优化或开发新算法,提高车辆控制性能
测试工程师	跟踪并研究国内外 ICV 相关标准或法规,根据相关标准或法规为系统或零部件进行测试、标定或提供相关法规与技术支持

2. 现有人才岗位族分布

课题组调查发现:2019 年智能网联汽车五大岗位族中硬件工程师占比最高,其次为软件工程师,主要原因是相比传统汽车,智能网联汽车搭载的电子电器件(如芯片、元器件、控制器等)以及对软件的需求呈现爆发式增长,因此硬件工程师及软件工程师介入智能网联汽车行业内相对较早,因而占比也排在前两位;系统工程师占比最低,主要原因是智能网联汽车发展时间短,而该部分人才需要对各系统/模块及相关环境件均有所了解,无论是思维、知识还是技能方面均有较高要求,因此这部分人才成长周期长，但是该部分人才对企业发展尤为重要（如图 2.20 所示）。

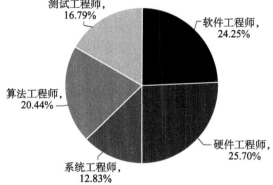

图 2.20　2019 年智能网联汽车研发人员岗位族分布

数据来源：中国汽车工程学会个人问卷调查数据

通过对重点企业进行访谈及对网络招聘岗位爬虫搜索后发现，各类人才需求表现出以下特点：

第一，对于系统工程师，智能驾驶系统架构工程师、车联网系统工程师、智能座舱系统工程师等岗位成为当前各大整车企业和零部件企业的重点招聘对象。系统软件工程师，如软件架构工程师、操作系统工程师等细分领域的高级技术专家也非常稀缺。

第二，对于软件工程师，虽然目前人数占比较大，但是仍非常稀缺。未来，随着车联网的广泛应用，企业在制造端工作外还在向服务端延伸，"制造＋服务"成为行业重点关注的发展方向，各类熟悉车辆软件架构的 App 应用开发工程师和嵌入式软件开发（偏芯片开发方向）工程师、车载 V2X 开发工程师等相关岗位人才将成为智能网联汽车研发人员的中坚力量，并因此成为招聘领域的热门岗位。

第三，对于硬件工程师，其工作领域既包含控制系统中的芯片、元器件和控制器集成，也包含智能网联汽车产业的线控执行机构。从企业调查的情况来看，当前对于硬件工程师的需求，主要集中于 T–Box、传感器、智能座舱及车联网硬件设备等的集成与应用；对于诸如芯片等核心硬件以及线控底盘内精密控制执行机构，虽然目前国内整车企业涉足较少，但随着智能网联汽车发展该领域也存在一定需求。

第四，对于算法工程师，主要集中在多传感器融合算法工程师、视觉算法工程师等岗位。

第五，对于测试工程师，因为当前智能网联汽车仍处于起步阶段，对于产品测试和验证数据的需求巨大，所以对各细分领域的测试人才需求很大。这部分人才主要分成两大类：一类是能够掌握测试理论、建立测试方法、搭建测试平台的高级工程师，行业需求量较大但仍比较缺乏；另一类是具体执行的测试工程师，该类人员只需掌握基本的测试理论及方法，接受特定测试项目岗位培训，能够进行基本的测试数据整理及分析。通过走访调研发现，测试工程师是目前智能网联汽车中高职、中职等应用型人才主要集中的岗位。

（二）重要岗位矩阵和任职资格标准

本次研究中，课题组结合智能网联汽车技术路线中的关键环节，重点聚焦关键的研发人员，梳理出影响领域发展的63个重要岗位（如表2.8所示）。这些岗位不仅对当前智能网联汽车的快速发展有着重要作用，对未来我国在全球形成竞争力和赢得先导权也具有重要的支撑意义。

当前我国大多数智能网联汽车整车生产企业集中在智能驾驶和车联网系统的研发与测试环节，因此行业重点岗位主要集中在系统集成、架构、算法、控制和线控底盘系统的开发等岗位，也有相当一部分人才是为这些技术开发和产品应用进行测试验证服务的。企业对上述岗位人员的要求如下：

第一，系统工程师是智能网联汽车产业的尖端人才和企业的领军人才，目前的来源渠道主要是从国外聘请专家、招聘海归人才和从相近领域转岗而来的技术专家。这些人员的一个共同特点，是拥有国际化大项目的操盘经验。

第二，算法是人工智能取得突破的核心要素，算法工程师在感知、决策、路径规划、地图定位、系统控制、多领域融合等技术的研发中扮演着重要角色，其中感知融合和定位融合作为智能网联汽车的基础要素，其重要程度不言而喻。

除了上述岗位族，未来随着5G技术的发展，芯片自主化进程的加速，车联网技术的普及，芯片、通信、云计算、信息安全领域岗位的重要性会进一步提升。目前企业已经开始在数据深度挖掘与应用、人工智能、复杂通信技术、AR技术、信息安全、高性能传感器等领域进行人才布局。

表 2.8 智能网联汽车产业重要岗位矩阵

项目	系统工程师		软件工程师	硬件工程师	算法工程师	测试工程师
	整车架构	系统/模块架构				
系统设计/集成（电子电气架构）	1. 智能驾驶系统架构工程师 2. 智能座舱系统工程师	9. 线控底盘系统工程师（EPS、ESC等） 10. ADAS系统工程师（ACC、AEB等） 11. 人机交互工程师	18. 智能驾驶系统软件工程师 19. 软件架构工程师 20. 操作系统工程师	34. 智能驾驶硬件集成工程师		53. 系统测试工程师 54. 系统仿真工程师
环境感知	3. 环境感知架构工程师	12. 传感器感知融合工程师	21. 环境感知软件工程师 22. 点云数据处理工程师 23. 图像及视频数据处理工程师	35. 激光雷达硬件工程师 36. 毫米波雷达硬件工程师（天线、芯片） 37. 影像传感器芯片工程师	42. 感知融合算法工程师 43. 视觉感知算法工程师（机器视觉）	55. 传感器测试工程师
决策控制（ADAS/L3+功能）		13. 智能驾驶域控制器开发工程师	24. 智能驾驶功能开发工程师 25. 嵌入式软件工程师	38. 域控制器硬件工程师	44. 决策与路径规划算法工程师 45. 控制算法工程师	56. 智能驾驶测试工程师
网络通信（V2X）	4. 电子电气架构工程师 5. 车联网系统架构工程师	14. 射频系统工程师 15. 智能终端系统工程师	26. 基础软件工程师 27. App开发工程师（功能应用软件）		46. V2X算法工程师	57. V2X软件测试工程师

续表

项目	系统工程师		软件工程师	硬件工程师	算法工程师	测试工程师
	整车架构	系统/模块架构				
大数据	6.大数据平台架构师		28.大数据平台开发工程师		47.数据挖掘工程师	
云基础平台	7.云平台架构工程师	16.云计算平台系统工程师	29.云平台开发工程师			
人工智能			30.人工智能软件工程师	39.计算芯片工程师	48.人工智能算法工程师（深度学习、强化学习等）	58.智能算法测试工程师
安全技术	8.智能网联系统安全工程师（信息安全、功能安全、预期功能安全）		31.信息安全软件工程师		49.信息安全算法工程师	59.信息安全测试工程师 60.功能安全测试工程师 61.预期功能安全测试工程师
地图定位		17.高精度地图系统架构师	32.地图导航软件工程师 33.高精度定位开发工程师	40.GNSS硬件工程师 41.IMU硬件工程师	50.地图/定位算法工程师（SLAM,IMU） 51.定位融合算法工程师 52.导航算法工程师	62.定位与导航系统测试工程师
标准法规						63.标准及法规验证工程师

综合上述分析，本课题针对 63 个岗位，从知识、经验和技能三个维度，提出了重要岗位任职要求，具体见附录 3。

（三）紧缺岗位矩阵和紧缺人才需求目录

当前智能网联汽车投资进入了蓬勃发展期，企业对于人才的竞争进入了白热化状态。从课题组对多个企业的深度调研情况来看，大多数企业表示当前的人才招聘难度较大，有很多岗位都是虚位以待，市场上的人才供给不能满足当前企业发展的需要。为此，课题组结合企业的实际需求，运用网络爬虫技术，搜索出 18 家典型企业的 2 800 个岗位信息，通过对 2 800 个岗位信息的关键词检索，结合岗位相关度与岗位重要度，得到部分直观紧缺岗位；通过猎聘大数据分析岗位供需比，对比各岗位族供需比均值关系；通过与企业座谈，深入了解 10 家行业龙头企业（5 家整车企业、2 家 ICT 企业、3 家零部件企业）的紧缺人才情况。对运用上述三个方法得到的紧缺岗位进行归类合并，得到了 53 个紧缺岗位（如表 2.9 所示）。在紧缺度方面采取五星级模式评价，星级越多代表紧缺度越高，在此基础上形成了当前紧缺人才需求目录，可供行业参考，并提出了紧缺岗位任职要求，具体见附录 4。

表 2.9 智能网联汽车产业紧缺岗位矩阵

项目	系统工程师 整车架构	系统工程师 系统/模块架构	软件工程师	硬件工程师	算法工程师	测试工程师
系统设计/集成(电子电气架构)	1.智能驾驶系统架构工程师★★★★★ 2.智能座舱系统工程师★★★★	9.ADAS系统工程师(ACC、AEB等)★★★★ 10.线控底盘系统工程师(EPS、ESC等)★★★★ 11.人机交互工程师★★★★	17.软件架构工程师★★★★ 18.操作系统工程师★★	29.线控底盘系统硬件工程师(EPS、ESC等)★★★ 30.嵌入式硬件开发工程师(单片机)★★★ 31.IC电路设计工程师★★		46.系统测试工程师★★★
环境感知	3.环境感知架构工程师★★★★		19.环境感知软件工程师★★★ 20.图像及视频处理工程师★★★★	32.激光雷达硬件工程师★★★★ 33.毫米波雷达硬件工程师(天线、芯片)★★★ 34.影像传感器芯片工程师★★★	38.感知融合算法工程师★★★ 39.视觉感知算法工程师(机器视觉)★★★★	47.感知系统测试工程师★★★★
决策控制(ADAS/L3+功能)		12.EPS功能开发工程师★★★★ 13.智能驾驶域控制器开发工程师★★★	21.EPS软件应用工程师★★★		40.决策与路径规划算法工程师★★★★ 41.控制算法工程师★★	48.控制器测试工程师★★★★

★级代表紧缺度数,五星为最紧缺。

续表

项目	系统工程师		软件工程师	硬件工程师	算法工程师	测试工程师
	整车架构	系统/模块架构				
网络通信（V2X）	4.电子电气架构工程师★★ 5.车联网系统工程师★★★	14.V2X软件部署工程师★★★ 15.射频系统工程师★★	22.嵌入式软件工程师★★ 23.App开发工程师★★★（功能应用软件） 24.车载V2X通信及应用工程师★★	35.智能终端硬件工程师★★★	42.V2X算法工程师★★★	49.V2X软件测试工程师★★★
大数据	6.大数据平台架构师★★★		25.大数据平台开发工程师★★★		43.大数据挖掘工程师★★★	
云基础平台	7.云平台架构工程师★★★	16.云计算平台系统工程师★★★	26.云平台开发工程师★★			
人工智能			27.人工智能软件工程师★★★	36.计算芯片工程师★★★	44.人工智能算法工程师（深度学习、强化学习等）★★★★	50.智能算法测试工程师★★★
安全技术	8.智能网联系统安全工程师（信息安全、功能安全、预期功能安全）★★★★		28.安全测试工具开发工程师★★★			51.功能安全测试工程师★★★ 52.信息安全测试工程师★★
地图定位				37.GNSS硬件工程师★★★	45.地图/定位算法工程师★★★★	53.定位与导航系统测试工程师★
标准法规						

第三章　院校人才供给分析

一、普通高等院校智能网联汽车相关专业建设现状

(一) 智能网联汽车研发人员通用知识结构分析

通过对智能网联汽车相关企业访谈，课题组整理出智能网联汽车人才的知识与技能需求，认为智能网联汽车研发人员的知识结构应包括但不限于以下方面：编程语言、操作系统、仿真工具、英语、数学、计算机、控制和汽车基础知识。其中编程类语言主要是C、C++、MATLAB和Python，具体如图3.1所示。

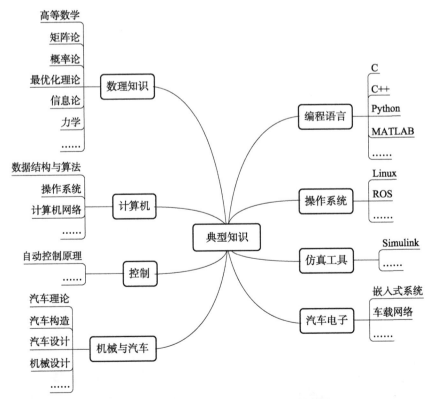

图 3.1 智能网联汽车研发人员典型知识结构

同时，课题组对个人问卷进行整理，梳理出五大岗位族工程师认为最重要的课程排序。系统工程师普遍认为数字电路、C 语言程序设计、模拟电路、自动化、电路分析五门课程对工作的帮助较大，如图 3.2 所示。

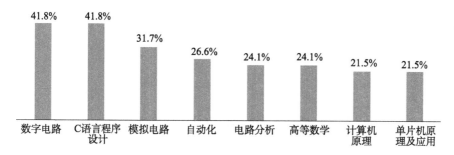

图 3.2　系统工程师认为对工作帮助较大的课程

数据来源：中国汽车工程学会个人问卷调查数据

软件工程师普遍认为 C 语言程序设计、计算机原理、数字电路、控制工程基础、数据结构五门课程对工作帮助较大，如图 3.3 所示。

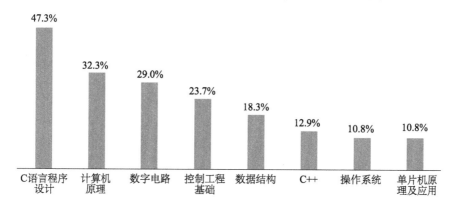

图 3.3　软件工程师认为对工作帮助较大的课程

数据来源：中国汽车工程学会个人问卷调查数据

硬件工程师普遍认为数字电路、模拟电路、电路分析、信号处理、通信原理五门课程对工作的帮助较大，如图 3.4 所示。

算法工程师普遍认为控制理论、数据库原理及应用、C 语言程序设计、汽车构造、高等数学五门课程对工作的帮助较大，如图 3.5 所示。

测试工程师普遍认为数值分析、电路、模拟电路、C 语言程序设计、高等数学五门课程对工作的帮助较大，如图 3.6 所示。

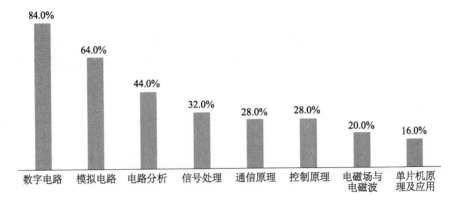

图 3.4　硬件工程师认为对工作帮助较大的课程

数据来源：中国汽车工程学会个人问卷调查数据

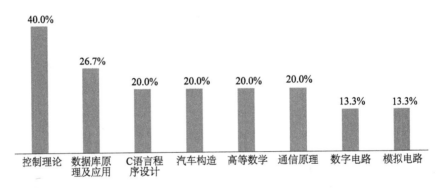

图 3.5　算法工程师认为对工作帮助较大的课程

数据来源：中国汽车工程学会个人问卷调查数据

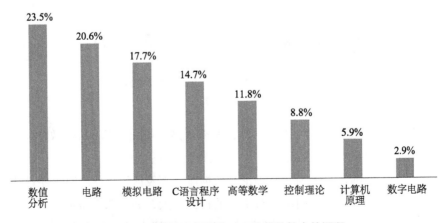

图 3.6　测试工程师认为对工作帮助较大的课程

数据来源：中国汽车工程学会个人问卷调查数据

（二）智能网联汽车技术相关本科专业课程设置现状分析

由第二章人才现状部分可知，计算机类、车辆工程、电子信息类、自动化类和机械类毕业生是目前智能网联汽车产业研发人员的主力军。从高等教育质量监测国家数据平台监测数据中获取高校课程设置现状，从个人问卷获取各专业智能网联汽车研发人员对专业课程的需求，对比分析这五类专业的课程设置现状与需求，找到现状与需求间的差异，厘清毕业生的知识结构，对提升人才培养质量具有指导意义。

1. 车辆工程专业

图 3.7、图 3.8 和表 3.1 分别反映了车辆工程专业课程设置现状与车辆工程专业智能网联汽车研发人员对核心课程的需求之间的差异。比较发现，当前高校的车辆工程专业的课程设置与智能网联汽车研发人员实际工作中需要的知识结构存在较大偏离，目前高校车辆工程专业的课程体系仍然没有摆脱车辆工程是机械工程下属二级学科的范畴。而个人问卷调查结果显示，汽车构造、汽车理论、汽车设计固然重要，但控制工程基础、电工学、车辆动力学、计算机技术、自动控制理论、单片机原理、微机原理也是车辆工程专业智能网联汽车研发人员在实际工作中需要的专业知识，

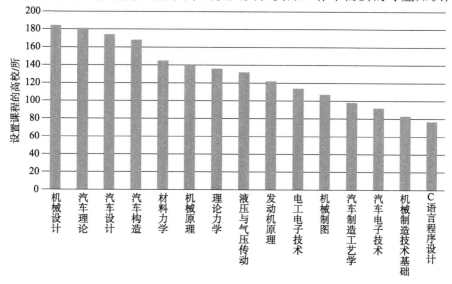

图 3.7　车辆工程专业核心课程设置现状

数据来源：高等教育质量监测国家数据平台监测数据

说明智能网联汽车人才复合型、学科交叉型的特征已非常明显，但只有部分院校开设这些课程。

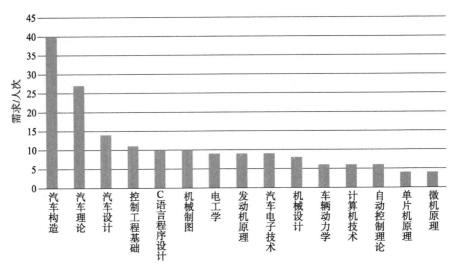

图 3.8　车辆工程专业智能网联汽车研发人员对核心课程的需求状况

数据来源：中国汽车工程学会个人问卷调查数据

表 3.1　车辆工程专业智能网联汽车研发人员对核心课程的需求与高校课程设置现状对比

重要度排名	课程名称（现状）	课程名称（需求）
1	机械设计	汽车构造
2	汽车理论	汽车理论
3	汽车设计	汽车设计
4	汽车构造	控制工程基础
5	材料力学	C语言程序设计
6	机械原理	机械制图
7	理论力学	电工学
8	液压与气压传动	发动机原理
9	发动机原理	汽车电子技术
10	电工电子技术	机械设计
11	机械制图	车辆动力学
12	汽车制造工艺学	计算机技术
13	汽车电子技术	自动控制理论
14	机械制造技术基础	单片机原理
15	C语言程序设计	微机原理

注：阴影部分为现状与需求不匹配的部分。

2. 计算机类专业

图 3.9、图 3.10 和表 3.2 分别反映了计算机类专业课程设置现状与计算机类专业智能网联汽车研发人员对核心课程的需求之间的差异。对比发现，目前高校计算机类专业开设的课程基本涵盖了智能网联汽车研发人员的需求，但计算机类专业智能网联汽车研发人员所关注的单片机原理、算法设计与分析、人工智能、数字电路、汽车电子技术等课程的匹配度仍然不足。

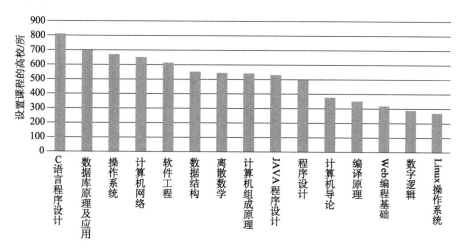

图 3.9 计算机类专业核心课程设置现状

数据来源：高等教育质量监测国家数据平台监测数据

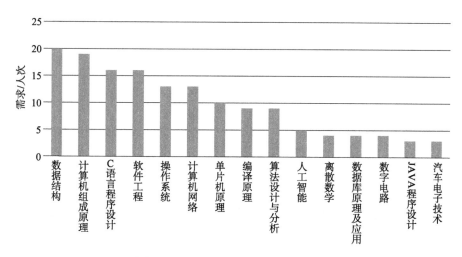

图 3.10 计算机类专业智能网联汽车研发人员对核心课程的需求状况

数据来源：中国汽车工程学会个人问卷调查数据

表 3.2　计算机类专业智能网联汽车研发人员对核心课程的需求与高校课程设置现状对比

重要度排名	课程名称（现状）	课程名称（需求）
1	C 语言程序设计	数据结构
2	数据库原理及应用	计算机组成原理
3	操作系统	C 语言程序设计
4	计算机网络	软件工程
5	软件工程	操作系统
6	数据结构	计算机网络
7	离散数学	单片机原理
8	计算机组成原理	编译原理
9	JAVA 程序设计	算法设计与分析
10	程序设计	人工智能
11	计算机导论	离散数学
12	编译原理	数据库原理及应用
13	Web 编程基础	数字电路
14	数字逻辑	JAVA 程序设计
15	Linux 操作系统	汽车电子技术

注：阴影部分为现状与需求不匹配的部分。

3. 电子信息类专业

图 3.11、图 3.12 和表 3.3 分别反映了电子信息类专业课程设置现状与电子信息类专业智能网联汽车研发人员对核心课程的需求之间的差异。

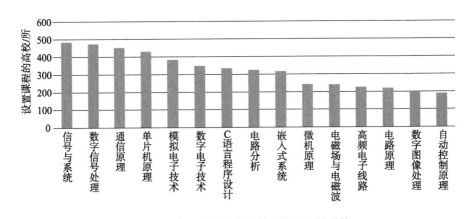

图 3.11　电子信息类专业核心课程设置现状

数据来源：高等教育质量监测国家数据平台监测数据

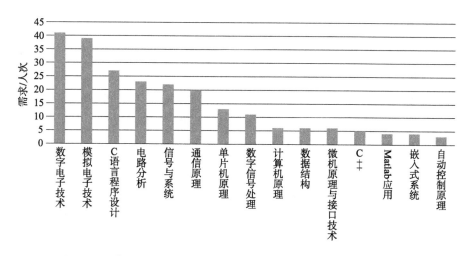

图 3.12 电子信息类专业智能网联汽车研发人员对核心课程的需求

数据来源：中国汽车工程学会个人问卷调查数据

电子信息类专业的核心课程设置与智能网联汽车研发人员的技术需求匹配度较高，但计算机原理、数据结构、C++、MATLAB 应用等课程匹配度不够。

表 3.3 电子信息类专业智能网联汽车研发人员对核心课程的需求与高校课程设置现状对比

重要度排名	课程名称（现状）	课程名称（需求）
1	信号与系统	模拟电子技术
2	数字信号处理	数字电子技术
3	通信原理	C 语言程序设计
4	单片机原理	电路分析
5	模拟电子技术	信号与系统
6	数字电子技术	通信原理
7	C 语言程序设计	单片机原理
8	电路分析	数字信号处理
9	嵌入式系统	计算机原理
10	微机原理与接口技术	数据结构
11	电磁场与电磁波	微机原理与接口技术
12	高频电子线路	C++
13	电路原理	MATLAB 应用
14	数字图像处理	嵌入式系统
15	自动控制原理	自动控制原理

注：阴影部分为现状与需求不匹配的部分。

4. 机械类（除车辆工程外）专业

图 3.13、图 3.14 和表 3.4 分别反映了机械类（除车辆工程外）专业课程设置现状与机械类（除车辆工程外）专业智能网联汽车研发人员对核心课程的需求之间的差异。与车辆专业相同，除车辆工程外其他机械类专业课程体系与智能网联汽车专业需求的匹配度较差，仍然以传统机械类基础性课程为主，如机械设计、机械原理、材料力学和液压与气动等。而智能网联汽车研发人员希望增加 C 语言程序设计、汽车电子技术、汽车构造、模拟电子技术、数字电子技术、汽车理论、信号处理、单片机原理及应用等相关领域的课程。15 个核心课程中现状与需求匹配的课程占比仅为 33%，现有课程体系已大幅偏离行业人才需求，无法满足智能网联汽车研发人员的岗位需求。

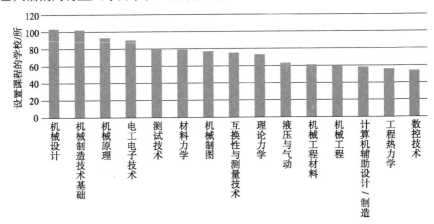

图 3.13 机械类（除车辆工程外）专业核心课程设置现状
数据来源：高等教育质量监测国家数据平台监测数据

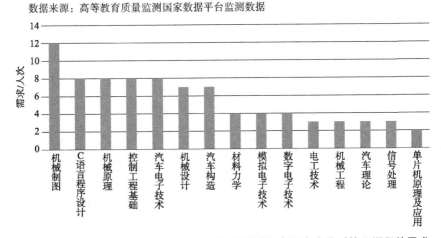

图 3.14 机械类（除车辆工程外）专业智能网联汽车研发人员对核心课程的需求
数据来源：中国汽车工程学会个人问卷调查数据

表3.4 机械类（除车辆工程外）专业智能网联汽车研发人员对核心课程的需求与高校课程设置现状对比

重要度排名	课程名称（现状）	课程名称（需求）
1	机械设计	机械制图
2	机械制造技术基础	C语言程序设计
3	机械原理	机械原理
4	电工电子技术	控制工程基础
5	测试技术	汽车电子技术
6	材料力学	机械设计
7	机械制图	汽车构造
8	互换性与测量技术	材料力学
9	理论力学	模拟电子技术
10	液压与气动	数字电子技术
11	机械工程材料	电工技术
12	机械工程	机械工程
13	计算机辅助设计/制造	汽车理论
14	工程热力学	信号处理
15	数控技术	单片机原理及应用

注：阴影部分为现状与需求不匹配的部分。

5. 自动化类专业

图3.15、图3.16和表3.5分别反映了自动化类专业课程设置现状与自动化类专业智能网联汽车研发人员对核心课程的需求之间的差异。自动

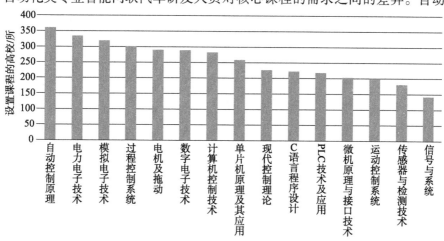

图3.15 自动化类专业核心课程设置现状

数据来源：高等教育质量监测国家数据平台监测数据

化类专业在控制类和计算机类课程都有一定程度的覆盖,而自动化类专业智能网联汽车研发人员对计算机原理、MATLAB、通信原理、数字信号处理、数据结构有需求,但开设此类课程的院校数量依然很少。

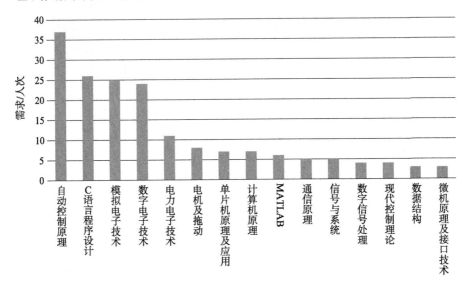

图 3.16　自动化类专业智能网联汽车研发人员对核心课程的需求

数据来源:中国汽车工程学会个人问卷调查数据

表 3.5　自动化类专业智能网联汽车研发人员对核心课程的需求与高校课程设置现状对比

重要度排名	课程名称(现状)	课程名称(需求)
1	自动控制原理	自动控制原理
2	电力电子技术	C语言程序设计
3	模拟电子技术	模拟电子技术
4	过程控制系统	数字电子技术
5	电机及拖动	电力电子技术
6	数字电子技术	电机及拖动
7	计算机控制技术	单片机原理及其应用
8	单片机原理及其应用	计算机原理
9	现代控制理论	MATLAB
10	C语言程序设计	通信原理
11	PLC技术及应用	信号与系统
12	微机原理与接口技术	数字信号处理
13	运动控制系统	现代控制理论

续表

重要度排名	课程名称（现状）	课程名称（需求）
14	传感器与检测技术	数据结构
15	信号与系统	微机原理与接口技术

注：阴影部分为现状与需求不匹配的部分。

综合以上分析，可以得出高校各专业核心课程体系对智能网联汽车研发所需技术的匹配程度，如表 3.6 所示。其中电子信息类课程与智能网联汽车研发人员需求的匹配程度最高，其次是计算机类课程和自动化类课程，车辆工程课程体系仍然以机械类课程为主，对智能网联汽车技术的总体匹配程度不高，仅为 53%。车辆工程专业、计算机类、电子信息类、自动化类和除车辆工程专业之外的机械类专业与智能网联汽车研发人员知识结构和能力的关联度最高，它们是智能网联汽车核心关键技术发展的重要支撑，因此，车辆工程专业急需调整课程内容，以适应企业对人才的需要。

表 3.6 高校各专业核心课程体系与智能网联汽车研发人员需求的匹配程度

序号	专业	匹配程度
1	电子信息类	73%
2	计算机类	67%
3	自动化类	67%
4	车辆工程	53%
5	机械类（车辆工程除外）	33%

（三）高校在复合型人才培养上的各种尝试

目前高校已经认识到在智能网联汽车人才培养方面存在的不足，正在积极谋求改变。课题组以六所代表性高校车辆工程专业为例，调研了高校在课程体系设置方面所做的改革，部分代表了未来高校课程体系改革的发展方向。

调查发现六所高校大学本科四年的总学分为 160~180 学分，教育部对机械类课程总学分设置为 190 学分。六所高校各类课程所占学分比例如图 3.17 所示，目前工程基础类课程和专业基础类课程、专业类课程之和占总学分的 28%~46%，主要包括力学类、热流体类、电工电子类、材料类、控制类、计算机类和机械类、车辆课程。

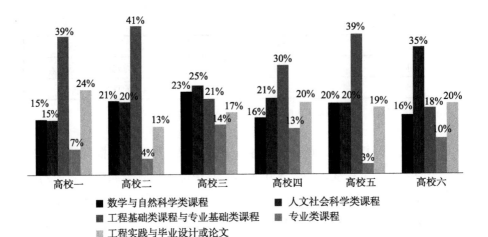

图 3.17　六所高校车辆专业培养方案中各类课程占比
数据来源：中国汽车工程学会高校问卷调查数据

为适应智能网联汽车对人才素质与能力的需求，六所高校采取了一些相同的改革与应对措施。例如，在本科教学中开设了系统性介绍智能网联汽车相关技术的课程，如智能汽车技术、智能汽车概论、智能网联汽车技术等；此外，还开设了编程类、数据挖掘类、自动控制类等课程，以适应智能网联汽车对人才的需求。但总体而言，目前针对智能网联汽车开设的课程数量仍然较少，培养学生在智能网联汽车某一相关专项技术领域知识、学科交叉能力与创新素养的教学环节更少。在国家专业类教学质量国家标准框架和现在工程教育改革要求的基础上，面向智能网联汽车人才需求，高等教育车辆工程专业人才培养课程体系改革可行的途径是：可以在满足"数学与自然科学类（学分占比 15%）、人文社会科学类（学分占比 15%）、工程实践与毕业设计或论文类（学分占比 20%）三类课程学分总占比 50%"工程教育认证标准的前提下，调整工程基础类、专业基础类、专业类课程，面向智能网联新技术方向，适度增加涉及计算机类、电子信息类、人工智能和大数据类等跨学科工程基础课程。

目前高校对智能网联汽车从业人员知识能力需求的应对方式并不相同，大致可以分为：①以选修课方式增加学科交叉类课程；②在车辆工程专业内部增设"电子信息方向"，同时以必修和选修课方式增加学科交叉类课程，同时为保证总学分不大幅增加，缩减机械类、材料类、工艺类课程；③新设智能车辆工程专业，在新专业课程体系中强调计算机类、电子信息类、人工智能和大数据类等跨学科工程基础课程，同时也需缩减机械类、材料类、工艺类课程。

吉林大学车辆工程专业的培养目标是"适应国家经济建设与科技发展需求,具有扎实的数学、自然科学基础与良好的人文素养和社会责任感,具有创新精神、实践能力和国际视野,具备宽厚的机械工程与车辆工程基础理论和专业知识,德智体全面和谐发展与健康个性相统一,能够在汽车工业及其他相关工业领域,特别是车辆工程领域从事设计开发、科学研究、生产制造、实验测试、管理决策等方面工作的复合型高级工程技术人才。"强调学生对车辆工程领域知识理解和综合从业能力的掌握。

该校车辆工程专业原本的课程体系与从业人员个人问卷调研得到的企业需求一致性较高(如表3.7所示),在此基础上,为适应智能网联汽车产业对人才素质与能力的新需求,该校增设了学科交叉类和工程管理类课程。

表3.7 吉林大学车辆工程专业课程设置与企业需求的核心课程对比

重要度排名	课程名称 (需求)	课程名称 (原有课程体系)	课程类别 (原有课程体系)
1	汽车构造	汽车构造	专业教育课程 (必修课)
2	汽车理论	汽车理论	专业教育课程 (必修课)
3	汽车设计	汽车设计	专业教育课程 (必修课)
4	控制工程基础	控制工程基础	学科基础课程 (必修课)
5	C语言程序设计	C语言程序设计基础	通识教育课程 (必修课)
6	机械制图	工程图学	学科基础课程 (必修课)
7	电工学	电工学	学科基础课程 (必修课)
8	发动机原理	汽车发动机原理	学科基础课程 (选修课)
9	汽车电子技术	汽车电控技术 车用电器 车用电力电子技术 车载网络	专业教育课程 (选修课)

续表

重要度排名	课程名称 （需求）	课程名称 （原有课程体系）	课程类别 （原有课程体系）
10	机械设计	机械设计	学科基础课程 （必修课）
11	车辆动力学	系统动力学基础 轮胎力学基础 振动与噪声分析 赛车动力学理论与设计	专业教育课程 （选修课）
12	计算机技术	大学计算机	通识教育课程 （必修课）
12	计算机技术	汽车性能仿真评价 仿真软件工程应用	专业教育课程 （选修课）
13	自动控制理论	控制工程基础	学科基础课程 （必修课）
14	单片机原理	嵌入式系统原理	学科基础课程 （选修课）
15	微机原理	微机原理与接口技术	学科基础课程 （选修课）

该校对智能网联汽车发展的响应较早，在2012年即开设了汽车智能化技术课程。在最新的培养方案修订中，为了适应智能网联汽车人才的培养需求，该校进一步增加了交叉学科的基础选修课程和专业选修课程，并在实践教学环节新增了智能电动模型车创新实践课程，以提高学生的创新实践能力（如表3.8所示）。

表3.8 吉林大学车辆工程专业面向智能网联汽车方向设置的课程

重要度排名	课程名称	课程类别
1	机器人及人工智能基础	学科基础课程（选修课）
2	大数据导论	学科基础课程（选修课）
3	云计算导论	学科基础课程（选修课）
4	人工智能导论	学科基础课程（选修课）
5	汽车智能化技术	专业教育课程（选修课）
6	智能电动模型车创新实践	实践课程

除此之外，该校在最新的培养方案修订中，还增加了工程管理类学科基础选修课和专业选修课程（如表3.9所示），由于智能网联汽车要求从业人员具有更强的技术整合能力，因此这一改进方向也是值得关注的。

表3.9 吉林大学车辆工程专业设置的工程管理类课程

重要度排名	课程名称	课程类别
1	管理学	学科基础课程（选修课）
2	产业政策与技术法规	专业教育课程（选修课）
3	汽车技术经济学	
4	汽车产品开发工程	
5	工程师职业责任与道德	

清华大学车辆工程专业新增电子信息方向，对比车辆工程专业（常规方向）（如图3.18所示）与车辆工程专业（电子信息方向）的课程发现（如图3.19所示）：

（1）通用基础课方面，电子信息方向新增了复变函数与数理方程、随机过程两门课程；

（2）专业基础课方面，电子信息方向取消了部分传统机械类课程，补充了诸如电子电路与系统基础及实验、数据与算法、信号与系统、数字图

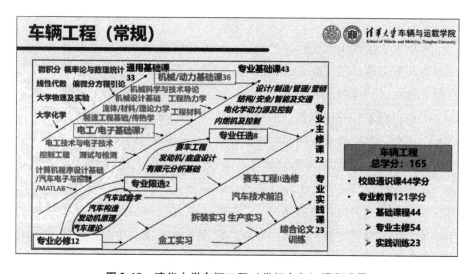

图3.18 清华大学车辆工程（常规方向）课程设置

数据来源：清华大学车辆与运载学院

像处理、通信网络、单片机和嵌入式系统等课程；

（3）专业主修课方面，电子信息方向在车辆工程核心课程汽车构造、汽车理论和发动机原理的基础上，开设了人工智能、汽车工程概论、智能驾驶、智能网联汽车、智能交通系统等课程；

（4）专业实践课方面，电子信息方向将原来的金工实习改为电子工艺实习。

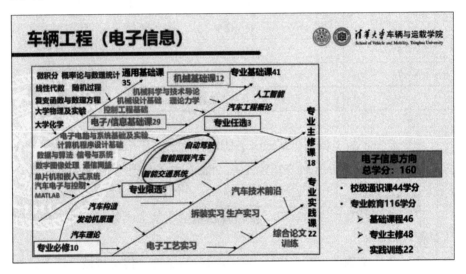

图 3.19　清华大学车辆工程（电子信息方向）课程设置

数据来源：清华大学车辆与运载学院

清华大学车辆工程专业在对研究方向进行调整的同时，也对车辆工程的核心课程和教材进行改革，依据"教材跟着课程走"的原则，将车辆工程原有教材《汽车发动机原理》改为《汽车动力系统原理》，课程的学分和学时也进行了相应的调整，由原来的 3 学分、48 学时调整为 4 学分、64 学时，做到车辆工程专业硬的要做足。图 3.20 是两门教材的内容对比。

为应对汽车产业的智能网联转型升级，高校在上述改革专业研究方向、改革教材措施之外，也在寻求建设新专业。2019 年教育部发布普通高等学校本科专业审批和备案结果，哈尔滨工业大学（威海）和武汉科技大学城市学院开设了智能车辆工程专业。该专业课程体系中除了传统的车辆工程课程，如数学类、工程力学、自动控制原理、机械设计、汽车构造、汽车理论、汽车设计、汽车电子等课程，还开设了包括数据挖掘、计算机组成原理、嵌入式系统原理、数据结构与算法设计、单片机原理及实践、

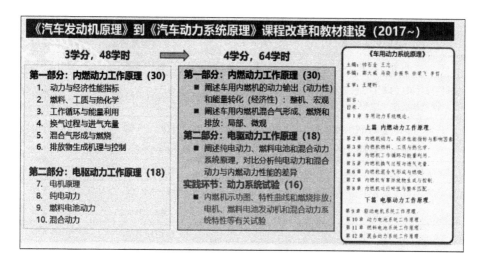

图 3.20　清华大学车辆工程专业教材改革示例

数据来源：清华大学车辆与运载学院

人工智能入门、软件设计与开发实践等计算机类课程。同时在专业核心课程、课程设计等实践中开设了如智能车规划与决策、智能车辆环境感知技术、智能车辆控制、智能网联汽车技术、智能车原型制作与开发、智能车辆平台设计开发等课程；相应地，该专业也缩减了材料类、工艺类等课程。该专业的课程设置融合了车辆工程、人工智能、信息通信、大数据、计算机、电气、电子等多个交叉学科，更加适应车辆工程专业人员从事智能网联汽车研发的需求（如表 3.10 所示）。

表 3.10　哈尔滨工业大学（威海）智能车辆工程专业课程设置

公共基础课程	学分	文化素质教育课程	学分
思想道德修养与法律基础	2.5	文化素质教育系列讲座	0.5
思想道德修养与法律基础实践课	0.5	人文与社科类限选课	1.0
形势与政策（3）（习近平新时代中国特色社会主义思想专题辅导1）	0.5	全校任选课	1.0
毛泽东思想与中国特色社会主义理论体系概论实践课	1.0	人文与社科类限选课	2.0
马克思主义基本原理概论	3.0	文化素质教育系列讲座	0.5
中国近现代史纲要实践课	0.5	人文与社科类限选课	1.0
毛泽东思想和中国特色社会主义理论体系概论	4.0	全校任选课（2门）	2.0

续表

公共基础课程	学分	文化素质教育课程	学分
形势与政策（2）	0.5	全校任选课	2.0
形势与政策（4）（习近平新时代中国特色社会主义思想专题辅导2）	0.5	**数学与自然科学**	**学分**
中国近现代史纲要	2.5	代数与几何	4.0
形势与政策（1）	0.5	概率论与数理统计	3.0
大学外语	1.5	微积分 B（1）	5.5
大学外语	1.5	微积分 B（2）	5.5
大学外语	1.5	大学物理 B（1）	5.5
大学外语	1.5	大学物理 B（2）	4.0
体育	1.0	大学物理实验 B（1）	1.5
体育	1.0	大学物理实验 B（2）	1.0
体育	0.5	计算方法	1.0
体育	0.5	最优化方法应用	1.0
大学计算机	2.0	数据挖掘	1.0
军事理论及军事技能	4.0		
机械类课程	**学分**	**电气、控制类课程**	**学分**
工程图学 B（上）	2.5	电工技术	4.0
工程图学 B（下）	2.5	电工技术实验	0.5
机械设计	3.0	电子技术	4.0
机械设计实验	0.5	电子技术实验	0.5
机械原理	3.0	自动控制原理Ⅲ	3.0
机械原理实验	0.5	**计算机类课程**	**学分**
互换性与测量技术	1.5	大学计算机	2.0
互换性与测量技术实验	0.5	计算机组成原理	3.0
机械工程材料	2.0	嵌入式系统原理	2.0
机械设计课程设计	3.0	数据结构与算法设计	2.0
机械制造技术基础	2.5	单片机原理及实践	2.0
机械制造技术基础实验	0.5	C语言程序设计	3.0
理论力学	4.5	人工智能入门	2.0
材料力学	4.0	软件设计与开发实践	2.0
材料力学实验	0.5	**机械类课程**	**学分**
机械原理课程设计	1.0	机械 CAD	2.0
工程热力学	2.0	工程流体力学	3.0

续表

课程设计等实践	学分	汽车理论	3.0
汽车仿真课程设计	3.0	新能源汽车动力技术	2.5
专业课程设计	3.0	汽车和发动机设计	2.5
生产实习	2.0	智能车辆规划与决策	2.0
汽车构造实验	1.0	智能车辆环境感知技术	2.0
智能车原型制作与开发	2.0	智能车辆控制	2.0
智能车辆平台设计开发	4.0	智能网联汽车技术	2.0
专业核心课程	学分	汽车电子技术	2.0
汽车构造	2.5		

注：深底色为智能车辆工程专业课程，浅底色为传统车辆工程专业课程。

（四）智能网联汽车相关专业设置情况

通过整理个人问卷专业分布，并结合猎聘和纳人的专业分布大数据分析结果，课题组提炼出 17 个与智能网联汽车技术相关的本科专业，根据教育部颁布的《普通高等学校本科专业目录 2020 版》，这些专业分属于 10 个专业类别，各专业布点数如表 3.11 所示。

表 3.11　与智能网联汽车相关本科专业布点数

序号	专业类别	专业名称	专业布点数/所		
			2017 年	2018 年	2019 年
1	计算机类	计算机科学与技术	945	950	952
2		软件工程	574	594	606
3	机械类	车辆工程	256	268	274
4		机械设计制造及其自动化	533	536	545
5		机械电子工程	307	327	337
6		机械工程	136	139	139
7	电子信息类	电子科学与技术	221	212	204
8		电子信息工程	672	680	682
9		电子信息科学与技术	286	276	272
10		通信工程	546	556	562
11	自动化类	自动化	484	491	490
12	数学类	信息与计算科学	489	466	455

续表

序号	专业类别	专业名称	专业布点数/所		
			2017年	2018年	2019年
13	材料类	材料科学与工程	209	223	233
14	仪器类	测控技术与仪器	284	284	282
15	电气类	电气工程及其自动化	581	588	589
16	能源动力类	能源与动力工程	211	211	212
17	管理科学与工程类	信息管理与信息系统	597	587	572

数据来源：高等教育质量监测国家数据平台监测数据。

（五）智能网联汽车相关专业毕业生供给规模

高等教育质量监测国家数据平台监测数据显示，智能网联汽车相关专业在高校的开设情况如图3.21所示。比较而言，开设计算机类、电子信息类、电气类、管理科学与工程类、自动化类专业的院校数量最多，尤其是计算机类专业，接近千所。

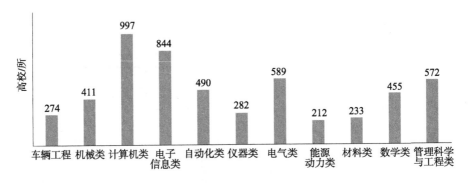

图 3.21 开设智能网联汽车相关本科专业的高校数量

数据来源：高等教育质量监测国家数据平台监测数据

由图 3.22 可看出，计算机类专业的毕业生规模最大，且近三年有较大幅度增长，车辆工程专业和机械类（除车辆工程外）专业的毕业生规模呈小幅增长，电子信息类、自动化类、仪器类、电气类、能源动力类、材料类、数学类和管理科学与工程类专业的毕业生规模基本持平。

虽然国家已经出台相关政策扩大电子信息类、计算机类、自动化类专业的招生数量，但依然不能满足我国工业在整体数字化转型过程中各个战略性

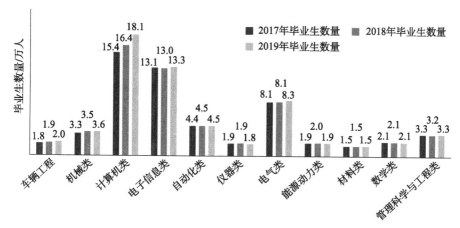

图 3.22 2017—2019 年智能网联汽车相关专业毕业生规模

数据来源：高等教育质量监测国家数据平台监测数据

新兴产业，如智能网联汽车、智能制造、人工智能、区块链、工业互联网和关键软件等产业和领域的人才需求，因此还应进一步加大招生规模。

根据高等教育质量监测国家数据平台（监测数据）提供的本科专业招生数量，课题组采取线性回归方法，预测 2025 年与智能网联汽车产业密切相关的 17 个本科专业毕业生总数可达到 89.2 万人，年复合增长率约为 4.45%。根据纳入提供的数据，智能网联汽车相关专业的本科毕业生进入智能网联汽车产业就业的比例约为 0.82%（1990—2017 届流入比）。据此推算，2025 年高校可以为智能网联汽车产业供给的人才总量约为 7 300 人（如表 3.12 所示）。

表 3.12 高校本科 17 个相关专业流入智能网联汽车产业的就业人数（按流入比例 0.82%）

年份	毕业生人数/万人	毕业生人数年复合增长率/%	进入智能网联汽车产业的就业人数/人
2019 年	68.7		5 600
2020 年	70.5		5 800
2021 年	75.9		6 200
2022 年	78.8	4.45%	6 500
2023 年	80.6		6 600
2024 年	85.0		7 000
2025 年	89.2		7 300

数据来源：高等教育质量监测国家数据平台监测数据

本次研究工作中，课题组专门就高校设立智能网联汽车专业/方向的意愿进行了调查，结果显示：被调查的 60 所开设车辆专业的高校中约有 31.67% 对未来智能网联汽车人才培养提出了构想和规划，并希望扩大招生规模；38.33% 的高校表示有意向在未来三年内增设智能网联汽车相关专业或方向（如图 3.23 所示），期望的招生规模如图 3.24 所示，经对数拟合，60 所高校到 2025 年新增智能网联汽车相关专业或方向的招生规模约 1 370 人。

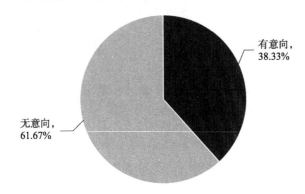

图 3.23　60 所高校期望未来三年开设智能网联汽车专业/方向的意向

数据来源：中国汽车工程学会高校问卷调查数据

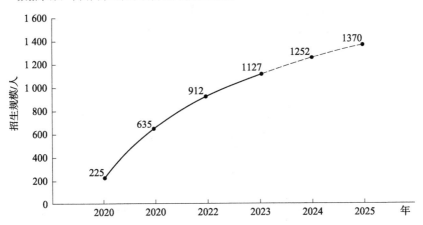

图 3.24　60 所高校到 2025 年新增智能网联汽车专业/方向的招生规模

数据来源：中国汽车工程学会高校问卷调查数据

（六）车辆工程专业研究生培养现状

高校问卷调查数据显示，近三年智能网联汽车研究方向硕士毕业生数量逐年增加，已达硕士毕业生总数的 1/3 以上，成为智能网联汽车产业后备人才供给的重要支撑。图 3.25 反映了 2018—2020 年 60 所高校智能网联汽车研究方向硕士毕业生人数，图 3.26 反映了 60 所高校智能网联汽车研究方向硕士毕业生占比情况。

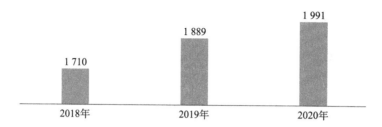

图 3.25　2018—2020 年 60 所高校智能网联汽车研究方向硕士毕业生人数
数据来源：中国汽车工程学会高校问卷调查数据

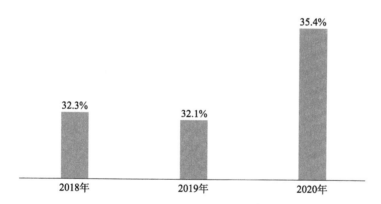

图 3.26　2018—2020 年 60 所高校智能网联汽车研究方向硕士毕业生占比情况
数据来源：中国汽车工程学会高校问卷调查数据

目前高校研究生的培养主要采取"课程+科研"的模式。因此，师资队伍和科研项目对研究生培养质量状况有着至关重要的影响。

60 份高校问卷的统计结果表明，部分高校目前尚没有从事智能网联汽车研究的团队。从调查问卷中获得了 35 个智能网联汽车研究团队的信息，具体情况如下：

分析 35 个智能网联汽车研究方向团队问卷可知，硕士生导师 290 人（如图 3.27 所示），博士生导师 81 人（如图 3.28 所示）。其中 83% 的团队硕士生导师人数不足 10 人，54% 的团队没有博士生导师，可见目前高校智能网联汽车方向团队规模普遍偏小。

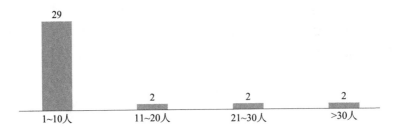

图 3.27　35 个智能网联汽车研究团队中硕士研究生导师分布情况

数据来源：中国汽车工程学会高校问卷调查数据

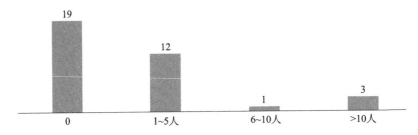

图 3.28　35 个智能网联汽车研究团队中博士研究生导师分布情况

数据来源：中国汽车工程学会高校问卷调查数据

从团队成员的职称分布看，高级职称占比为 68.4%（如图 3.29 所示）；从团队成员的学历分布看，79.3% 的团队成员拥有博士学位，13.7% 的团队成员拥有硕士学位（如图 3.30 所示），他们构成了我国智能网联汽车人才培养的骨干力量，也成为我国智能网联汽车关键技术攻

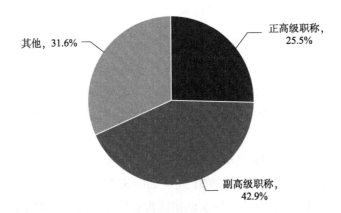

图 3.29　35 个智能网联汽车研究团队成员职称分布情况

数据来源：中国汽车工程学会高校问卷调查数据

关的核心力量,但其中由企业引进的人员只有 6.6%(如图 3.31 所示),比例过低。因此真正能够从企业视角理解复杂工程问题的内涵,并且具备解决能力的教师是少数,这样的教师队伍对学生工程素质的培养具有潜在的不利影响,高校应建立相应的制度,优化智能网联汽车教师队伍结构。

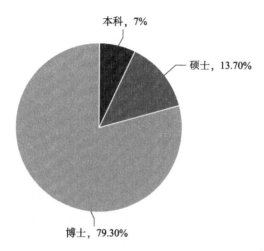

图 3.30　35 个智能网联汽车研究团队成员学历分布情况

数据来源:中国汽车工程学会高校问卷调查数据

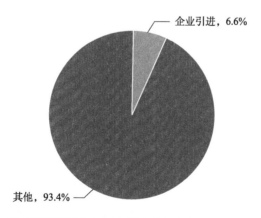

图 3.31　35 个智能网联汽车研究团队成员中企业引进人员占比情况

数据来源:中国汽车工程学会高校问卷调查数据

近年来,智能网联汽车研究团队的科研工作得到了国家政府部门和地方政府的大力支持。如图 3.32 所示,2017—2019 年 35 个智能网联汽车研究团队承担纵向课题的团队数量和纵向课题数量呈逐年上升趋势。

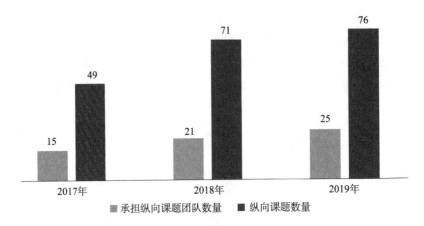

图 3.32　35 个智能网联汽车研究团队承担纵向课题情况

数据来源：中国汽车工程学会高校问卷调查数据

图 3.33 反映了 35 个智能网联汽车研究团队承担企业、社会科研机构委托开发项目（横向合作）的情况。统计表明，随着企业对智能网联汽车研发工作的推进，企业迫切需要高校研发团队在理论层面和技术层面对其工作给予支持。同时，企业与高校的研发合作，也是企业人才竞争的重要手段，即在研发合作中发现人（招聘到需要的人，增进新人对企业的了解）、培养人（企业通过派出工程师参与合作项目提高水平和能力）。

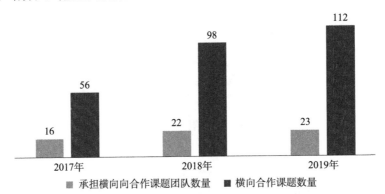

图 3.33　35 个智能网联汽车研究团队开展横向合作情况

数据来源：中国汽车工程学会高校问卷调查数据

通过承担纵向课题和开展横向合作，团队的科研经费得到了保障（如图 3.34 所示）。从经费获取渠道看，近年来 35 个智能网联汽车研究团队获取的纵向课题经费总额高于横向合作项目经费总额，但研究团队从横向合作项目获取的经费三年来增长了 267%，增长幅度远远高于纵向课题（经费三年增长25%），从一个侧面反映了企业、社会科研机构开展智能网联汽车研发工作的活跃度。

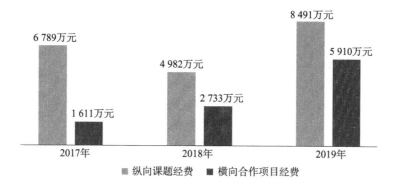

图3.34　35个智能网联汽车研究团队研发经费情况

数据来源：中国汽车工程学会高校问卷调查数据

二、高职学校智能网联汽车相关专业建设现状

（一）智能网联汽车相关专业开设情况

职业院校承担着我国汽车产业技术技能人才培养的重任，高等职业学校的毕业生通常就职于企业产品研发设计阶段的样机装调、测试等技术辅助性岗位，生产阶段的产品装调、测试、质检及相关工艺管理等岗位，营销阶段的营销策划、销售等岗位，售后服务阶段的汽车技术服务（含整车维修、配件营销服务、二手车营销服务、事故车查勘定损、汽车改装、汽车再制造及报废回收）、汽车金融与保险服务、相关法律服务等岗位。随着汽车产业加速向电动化、智能化、网联化、共享化发展，一些适合高职学校毕业生的新型岗位不断涌现，如汽车软件开发程序员、随车安全员（智能驾驶示范运营车辆安全管理）、汽车充电设施维修管理师、汽车共享出行运营服务师、汽车网络服务师等。基于本课题研究边界，以下分析只

针对智能网联汽车产品研发设计阶段从事技术辅助性工作的样机装调、测试、软件开发等人员。

面向近年来智能网联汽车技术与产业的发展需求，骨干高职学校从2011年就开始布局智能网联汽车方向技术技能人才的培养。通过对61所高职学校专业设置情况的调查，课题组获取了高职学校与智能网联汽车技术相关的核心专业的设置情况，分别是汽车智能技术、汽车电子技术、新能源汽车技术、新能源汽车运用与维修、计算机应用技术、物联网应用技术、应用电子技术、移动互联应用技术和电子信息工程技术等9个专业。

在获取上述信息之后，课题组借助全国职业院校专业设置管理与公共信息服务平台和高等职业院校人才培养工作状态数据采集与管理系统，对上述9个核心专业的全国开设情况进行整理后发现：2019年上述9个核心专业的开设数量（含专业方向，下同）[①] 为4014个，其中专业开设数量居前三位的是计算机应用技术、应用电子技术和物联网应用技术；与汽车强相关的汽车智能技术、汽车电子技术、新能源汽车技术、新能源汽车运用与维修4个专业的开设数量相对较少，特别是与智能网联汽车直接相关的汽车智能技术专业开设数量只有34个，开设院校为33所。2020年上述9个专业的相关数据进一步表明，随着智能网联汽车技术与产业的加速发展，人才供给端的行动也在加速：一是专业开设数量增长到了4464个，同比增长幅度为11.2%；二是在校生规模和毕业生规模同比增长了27.9%和15.3%，分别达到了68.82万人和17.48万人；三是新能源汽车技术专业和汽车智能技术专业开设数量增长更快，特别是汽车智能技术专业开设数量达到了76个，开设院校达到了68所，比2019年均增长了一倍多（如表3.13所示）。

来自61所被调研的高职学校的数据也印证了以上情况。表3.14反映了被调研的高职学校2018年和2020年9个核心专业的开设及招生情况。很明显，2020年9个核心专业的开设数量及招生规模比2018年有较大增长，特别是招生数量表现突出，2020年招生总人数是2018年招生总人数的近3倍。

---

① 专业开设数量（含专业方向）是指该项统计数量是将专业方向作为计量单位的总数量。例如，计算机应用技术专业在2020年有680所高职学校开设，共设有74个专业方向，则以专业方向为计量单位统计，共有1549个。

表 3.13 2019—2020 年高职学校智能网联汽车相关专业开设情况

专业名称	2019 年				2020 年				同比增长			
	专业开设数量/个	开设院校数量/所	在校生规模/人	毕业生规模/人	专业开设数量/个	开设院校数量/所	在校生规模/人	毕业生规模/人	专业开设数量	开设院校数量	在校生规模	毕业生规模
计算机应用技术	1 389	678	259 900	73 300	1 549	680	339 100	89 300	11.5%	0.3%	30.5%	21.8%
应用电子技术	574	374	49 400	17 100	562	345	49 400	16 900	-2.1%	-7.8%	0	-1.2%
物联网应用技术	563	467	66 400	18 000	658	512	87 900	21 100	16.9%	9.6%	32.4%	17.2%
电子信息工程技术	514	320	63 400	19 900	539	318	70 300	20 800	4.9%	-0.6%	10.9%	4.5%
新能源汽车技术	373	344	42 700	5 200	499	417	80 100	9 000	33.8%	21.2%	87.6%	73.1%
汽车电子技术	332	266	27 900	10 900	333	252	23 700	8 900	0.3%	-5.3%	-15.1%	-18.3%
移动互联应用技术	189	156	22 400	6 400	193	156	26 300	7 400	2.1%	0	17.4%	15.6%
新能源汽车运用与维修	46	44	4 500	600	55	53	8 800	1 100	19.6%	20.5%	95.6%	83.3%
汽车智能技术	34	33	1 300	200	76	68	2 700	400	123.5%	106.1%	107.7%	100.0%
合计	4 014	2 682	537 900	151 600	4 464	2 801	688 200	174 800	11.2%	4.4%	27.9%	15.3%

数据来源：高等职业院校人才培养工作状态数据采集与管理系统。

注释：表中专业开设数量包含各专业方向。

表 3.14　61 所被调研的高职学校 9 个核心专业开设及招生情况

专业开设及招生情况	2018 年	2020 年
开设 9 大核心专业学校数量/所	25	40
招生总人数/人	2 209	6 238
学校平均招生人数/人	88	156

资料来源：中国汽车工程学会高职学校问卷调查数据。

综合而言，随着近年来智能网联汽车技术与产业的快速发展，高职学校相关专业在专业开设数量和招生人数方面均呈现爆发式增长态势。我们相信，随着汽车"新四化"的渗透率快速提升，国家对智能网联汽车发展的支持力度不断加大，高职学校专业调整的步伐还将进一步加快。

（二）汽车智能技术专业建设情况

经与学校座谈，在与智能网联汽车技术相关的 9 个核心专业中，汽车智能技术专业的课程设置最贴近智能网联汽车技术技能人才的能力需求，毕业生就业方向也主要为智能网联汽车研发设计阶段的技术辅助岗位，包括样机装调、测试、软件开发等。基于本课题研究边界，以下将针对汽车智能技术专业建设情况进行分析。

2011 年，芜湖职业技术学院在全国高职学校中率先备案了汽车智能技术专业，2013 年开始招生。2013—2015 年，其他高职学校虽有跟进，但发展速度较慢。近五年，随着国内智能网联汽车技术与产业的快速发展，汽车智能技术专业的备案数量每年成倍增长（如图 3.35 所示）。

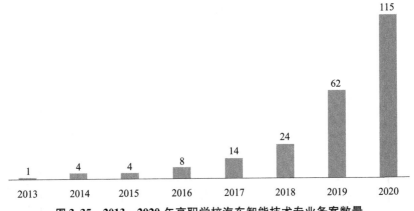

图 3.35　2013—2020 年高职学校汽车智能技术专业备案数量

数据来源：全国职业院校专业设置管理与公共信息服务平台

课题组通过检索 2020 年开设汽车智能技术专业的相关高职学校网站，查阅到了 57 所高职学校汽车智能技术专业的人才培养方案，从中梳理出了开设最为集中的 12 门核心课程，如图 3.36 所示。在这些核心课程中，智能网联汽车传感器技术课程是学校开设最多的，近一半学校开设了这门课程；其次，约有 20% 的学校开设了嵌入式系统开发技术、车联网智能终端安装调试、智能网联汽车技术、车载单片机技术等课程；值得注意的是，C 语言程序设计、汽车智能技术原理等课程也有超过 10% 的学校开设。

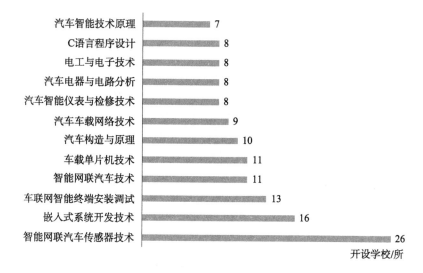

图 3.36　高职学校汽车智能技术专业核心课程开设情况

数据来源：整理院校官网公布的 57 份汽车智能技术专业人才培养方案

如本章前文所述，通过对智能网联汽车相关企业走访调研，课题组整理出智能网联汽车研发技术人才的知识结构应包括但不限于以下方面：编程语言、操作系统、仿真工具、计算机、控制和汽车基础知识。其中编程类语言主要是 C、C++、MATLAB 和 Python。通过对个人问卷进行整理，课题组又梳理出了五大岗位族工程师认为最重要的课程排序，其中与高职毕业生就业岗位强相关的测试工程师普遍认为，数值分析、电路、模拟电路、C 语言程序设计、高等数学五门课程对工作的帮助较大。

对比人才需求方的知识结构需求和目前高职学校汽车智能技术专业所开设的核心课程，可以得出以下结论：目前高职学校汽车智能技术专业开设的核心课程与人才需求方的知识结构需求有一定的匹配度，但总体匹配度不够；另外，一些需求度较高的课程如 C 语言程序设计开设学校太少。这些问题应该成为高职学校下一步课程调整的方向。事实上，高职学生在系统架构师的指导下，运用某一编程工具，专门从事程序员工作是完全可行的。

通过调研，课题组还发现，为应对智能网联汽车技术与产业的发展，高职学校已经在专业建设、师资培训、课程开发、教学改革、实训设备、校企合作六个方面做出了相应改革；但从改革措施的效果评价看，被调研的高职学校普遍认为，在校企合作、实训设备和课程开发方面还有待进一步提升质量和水平（如图 3.37 所示）。

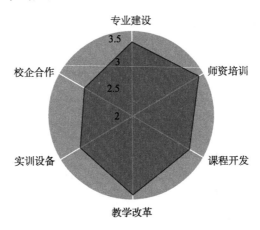

图 3.37　高职学校改革措施的效果评价

数据来源：中国汽车工程学会高职学校问卷调查数据

注释：效果评价分数越低，代表该项改革措施越需要改进

（三）毕业生供给规模

表 3.15 反映了近五年来实际开设汽车智能技术专业的高职学校数量和毕业生数量。课题组针对 2020 年已经有毕业生的 11 所高职学校进行了有关毕业生"从事智能网联汽车领域相关工作"及"从事智能网联汽车研发辅助工作"的深入调研，从得到的数据统计分析，2017—2020 年高职学校汽车智能技术专业毕业生从事智能网联汽车相关工作的平均比例约为 22.7%，其中从事智能网联汽车研发辅助工作的平均比例约为 6.6%（如图 3.38 所示）。

表 3.15　2015—2020 年高职学校汽车智能技术专业招生及毕业情况

年份	开设院校数/所	在校生规模/人	应届毕业/人	应届就业/人
2015 年	4	311	47	47
2016 年	5	411	117	116
2017 年	11	537	143	139
2018 年	18	781	147	140
2019 年	33	1314	242	224
2020 年	68	2686	391	337

数据来源：高等职业院校人才培养工作状态数据采集与管理系统。

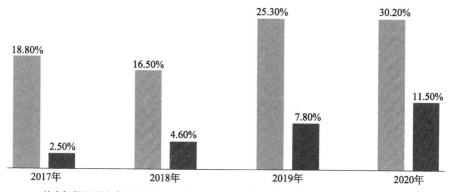

图 3.38　2017—2020 年汽车智能技术专业毕业生进入智能网联汽车产业情况
数据来源：有汽车智能技术专业毕业生的相关学校的负责人访谈

从 2015—2020 年实际开设汽车智能技术专业的高职学校数量的增长态势可以判断，预计未来五年，高职学校开设汽车智能技术专业的数量应该可以增长到几百所。

从另外一个角度分析，为提高高职学校毕业生专业能力与产业需求的匹配度，按照教育部、发改委和财政部发布的《关于推进"1+X"证书制度试点工作的指导意见》要求，经教育部批准，智能网联汽车相关"1+X"证书试点工作于 2019 年正式启动，申请前三批"1+X"证书试点的高职学校达到了 486 所（如表 3.16 所示）。通过与申请智能网联汽车测试装调"1+X"证书试点的高职学校座谈，了解其开设汽车智能技术（或智能网联汽车技术）专业的意愿，可以推测到 2025 年实际开设汽车智能技术（或智能网联汽车技术）专业的高职学校数量可能达到 400~500 所。假设，在未来两年内汽车智能技术（或智能网联汽车技术）专业在这些高职学校开设到 200~250 所，按照每个专业每年平均招生 50 人测算，到 2025 年高职学校仅汽车智能技术（或智能网联汽车技术）专业每年就可提供毕业生 1.0 万~1.25 万人。按照之前的调研数据，预计其中约 22% 即 4 400~5 500 人将进入智能网联汽车相关岗位，而其中约 6% 即 1 200~1 500 人将进入智能网联汽车研发设计辅助岗位。

表 3.16 智能网联汽车相关 "1+X" 证书试点规模

证书名称	批次	试点院校总数/所	高职类试点数/所	培训评价组织
智能新能源汽车	首批	402	205	北京中车行高新技术有限公司
智能网联汽车检测与运维	第三批	480	204	中德诺浩（北京）教育科技股份有限公司
智能网联汽车测试装调	第三批	130	77	国汽（北京）智能网联汽车研究院有限公司

数据来源：教育部职业技能等级证书管理服务平台

第四章 智能网联汽车产业人才需求预测

一、人才需求预测研究基本思路

（一）面临的挑战与对策

智能网联汽车是汽车产业转型升级的产物，正处于快速发展的前期，未来发展具有高度的复杂性和不确定性，因此要对智能网联汽车人才需求进行准确预测挑战极大。

1. 智能网联汽车的定义和边界尚处于探索之中

汽车产业本身就是复杂的集大成产业，而智能网联汽车比传统汽车更为复杂，呈现出在传统汽车产业基础上向多个维度生态化拓展的态势。目前，智能网联汽车尚在演进中，并无准确定义，同时其边界正在不断扩大且渐趋模糊。显然本研究必须先对智能网联汽车进行清晰描述，给出基本范围界定，才能有效预测智能网联汽车的人才需求。

2. 影响预测准确性的因素复杂

与传统汽车相比，由于智能化、网联化技术的融入，智能网联汽车所涉及的技术领域和产业面更宽，对人才知识结构和能力提出全新要求，必须全面系统地梳理影响各类人才需求预测的因素。

3. 缺少历史数据支撑

从我国第一辆智能驾驶汽车出现到现在已经超过 30 年，但最近 30 年的研发主要集中在高校，企业以大规模投入开展智能网联汽车研发并为此展开人才争夺战发生在近 5 年。截至目前，政府和行业尚未建立针对智能网联汽车发展状况的专项统计体系。

针对智能网联汽车人才需求预测的上述难点和瓶颈，课题组决定，在充分考虑智能网联汽车的特殊性，适当兼顾传统汽车已有相关数据继承性的原则下，采取定性与定量分析相结合的方式，对未来智能网联汽车人才需求做出判断，以确保智能网联汽车人才需求预测结果的科学性和可靠性。

在定性分析方面，充分融入行业专家对智能网联汽车发展前景的专业判断，对其加以系统剖析，厘清由智能网联汽车业务新变化、技术新内涵带来的岗位新需求、人才新特征。

在定量分析方面，构建符合智能网联汽车特色的多指标量化评价模型，预测2025年智能网联汽车人才需求总量，并提出智能网联汽车缓慢、稳步、快速三种发展前景下的预期结果。

（二）研究工作基本思路

按照研究目标的不同，人才需求预测通常可以分为三个维度，分别是人才结构预测、人才特征预测和人才数量预测，三种预测有着各自不同的应用价值和研究方法。

人才结构预测适用于新兴产业，新兴产业将产生新的人才需求类型，预测重点是分析相关产业人才结构的变化，一般采用定性分析方法。

人才特征预测适用于新兴产业或发生了较大变化的既有产业，预测重点是识别人才胜任相关新工作所需的理念、能力和知识等，同样宜采用定性分析方法。

人才数量预测广泛适用于不同类型的产业，预测重点是构建量化预测模型，得到人才需求的具体数量，从而为行业和企业决策者提供参考依据，必须采用定量分析方法。

鉴于智能网联汽车人才的特点，课题组决定同时采用上述三个维度的预测，且三者存在关联，在课题研究中，必须先对人才结构和人才特征进行系统分析，以保障人才需求数量预测的准确性。

具体工作思路如下：

（1）定义智能网联汽车的测算边界，确定人才需求类别和类型，明确人才结构；

（2）采集并分析企业问卷调查结果、权威研究报告和行业专家/学者观点，基于频次分析等方法进行人才特征识别，并采用加权计算方式筛选、提取、整合人才特征，构建智能网联汽车人才的特征框架及画像；

（3）以智能网联汽车人才结构和特征分析结果为支撑，构建三维多指标人才需求数量模型，应用该模型对智能网联汽车人才需求数量进行定量预测。

研究工作涉及的数据包括各类智能网联汽车研发人员的历史数据、业务模块发展影响因素的表征数据以及指标权重矩阵数据等。其中，研发人员的历史数据通过课题组将企业调查问卷进行信息分析处理后获得；业务模块发展影响因素的表征数据主要依据行业政策文件、法规标准、学术论文和权威报告中的信息，并融入对不同影响因素所处发展阶段的专业判断，经分析和校验后确定；业务模块发展影响因素的指标权重矩阵数据则是在参考相关文献资料的基础上，通过德尔菲法，根据专家意见得到。

如前所述，智能网联汽车具有传统汽车的基本结构，其不同点主要体现在新技术的融入。因此，本次研究决定聚焦在"增量"，即基于汽车产业链视角，挖掘智能网联汽车与传统汽车的区别，深度分析智能网联汽车相较于传统汽车新增的业务、功能和技术，厘清智能网联汽车的"增量"内容和所需人才来源，以此为基础确定可以有效承载"增量"内容的人才结构和特征，进而预测人才需求数量。基本工作思路如图4.1所示。

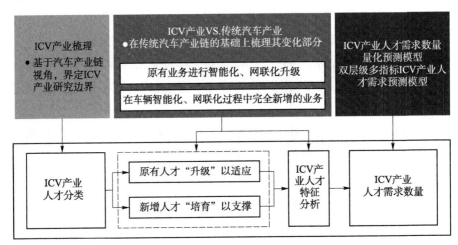

图4.1 智能网联汽车人才需求预测研究工作基本思路

二、人才特征识别和分析

（一）人才特征识别

根据本课题确定的研究思路，对作为课题研究对象的研发人员构建量化模型进行定量分析,对领军人才、工程技术人员、生产制造人员和销售服务人员仅进行定性分析,其他专业人才则不予考虑。但无论方法如何,首先必须确定的是各类人才的主要特征,表4.1反映了其分析结果。

表4.1 不同类别智能网联汽车人才的特征分析及研究方法

人才类别	主要特征	研究方法
领军人才	1. 思维更加开放、创新、系统; 2. 对汽车以及数据、信息等产业的发展方向、技术进展、商业模式等的理解和把握能力要求更高; 3. 领军人才重要度最高,但数量少,对人才数量预测结果影响小	定性分析
研发人员	1. 总体能力需求显著提高,知识构成极大扩展,远超传统汽车产业; 2. 对从事不同工作内容的工程师则需求不同; 3. 技术开发人才的变化最大,需补充更多新增力量	定量分析(模型预测)
工程技术人员	1. 需要对ICV产品和技术有一定了解,面向ICV需求进行质量、制造工艺等一致性管控; 2. 需要掌握ICV零部件的技术要求、生产工艺等知识; 3. 工程技术人员主要由现有人才培训和经验积累后胜任	定性分析
生产制造人员	1. 需要对ICV产品和技术有一定了解,面向ICV需求进行生产制造匹配优化; 2. 需重点掌握先进制造知识; 3. 生产制造人员主要由现有人才培训和历练后胜任	定性分析
销售服务人员	1. 需要对ICV产品和技术有一定了解,面向ICV需求进行销售服务匹配优化; 2. 需重点掌握ICV功能、性能及使用中的延展知识; 3. 销售服务人员主要由现有人才培训和历练后胜任	定性分析
其他专业人才	1. 应针对ICV产业和产品特点进行相应的匹配提升,但总体工作内容与传统汽车产业类似; 2. 其他专业人才主要由现有人才担任	不予考虑

为了得到更具指导价值的预测结果,课题组回归汽车产业的本质进行思考,同时兼顾本次预测的近期性要求。在对研发人员的定量预测分析中,对研究对象做了进一步的限定,即聚焦于整车企业、零部件企业与ICT企业、科技公司形成交集的车端新增业务和功能所涉及的人员,具体

如下：

（1）包括但不限于智能网联汽车搭载的新软硬件，支撑智能驾驶、车联网和智能座舱功能实现的新技术，以及定位于车端的各种新应用等。这些新增内容所需的人才都应经过全新培养而成。然而由于智能网联汽车尚不具备条件，目前这部分人才大多直接来自原有相关产业，不得不勉为其难地开展工作，这也是智能网联汽车最重要的人才缺口所在。

（2）不包括整车企业、零部件企业原有能力升级（如传统动力系统的智能控制升级）所涉及的人员，他们在经过相应培训、实现自身能力升级后即可胜任所要承担的工作。

（3）不包括 ICT 企业、科技公司原有能力升级（如开发与车端需求相结合的应用服务软件）所涉及的人员，他们在接受相关汽车知识、标准、需求等培训，实现自身能力升级后即可胜任所要承担的工作。

这里需要说明的是，展望未来，智能网联汽车将与智能交通、智慧城市和智慧能源协同发展，进而提升城市效率和现代化治理能力，到那个时候智能网联汽车或许将有全新的定义，但这并不意味着汽车产业未来将包含智能交通、智慧城市和智慧能源等产业。从这个意义上讲，本研究将预测范围聚焦于车辆本身是合理的。

综上所述，整车企业、零部件企业和 ICT 企业、科技公司各自的原有能力升级部分对应的人才属于既有人才的存量"更新"，不属于本研究预测的范畴，而两类企业形成交集的车端新增能力部分，对应的人才属于未来需要的人才增量，是本课题定量预测分析的核心。接下来需要确定的，是他们所涉及的技术领域和与之相关的工作职责、岗位/内涵和任职要求。

就车辆的基本结构而言，与传统汽车比较，智能网联汽车的新增业务包括智能驾驶、车联网和智能座舱三大模块。其中，智能驾驶业务模块主要包含高性能传感器、高精度地图、计算芯片、智能驾驶操作系统等功能；车联网业务模块主要包含通信模组、通信终端、T-Box 等功能；智能座舱业务模块则主要包含车机、座舱操作系统等功能。

这些模块的研发需要新增技术提供支撑，如果从车端角度切入，包括环境感知技术、智能决策技术、智能控制技术、系统设计技术、专用通信技术、大数据及云平台技术、AI 技术、综合安全技术、高精度地图及定位技术、测试评价技术等。从事上述技术领域研发工作的人员可划分为五大岗位族，分别是系统工程师、软件工程师、硬件工程师、算法工程师和测试工程师,其中系统工程师又可分为整车架构工程师和系统/模块架构工程师两部分(如图4.2所示)。

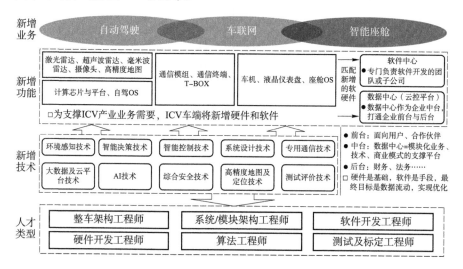

图4.2 智能网联汽车研发人员类型的确定

通过问卷调查和访谈,课题组对六类工程师的工作职责、岗位/内涵变化以及任职要求进行了定义和诠释,如表4.2所示。

表4.2 不同类型智能网联汽车研发人员的定义

研发人员类型		工作职责	新岗位/新内涵	任职要求
系统工程师	整车架构工程师	定义整车层级的逻辑与技术架构,逻辑架构包含各大功能模块的需求与交互定义,技术架构包含软硬件模块、调用接口和通信协议定义	新内涵 硬件为主→软硬一体化	对硬件、软件及用户需求都要有充分理解,并需考虑多维要素实现产品整体最优表现
	系统/模块架构工程师	定义系统/模块层级的功能需求以及分层、边界和接口	新内涵 硬件为主→软件、硬件、软硬一体化	需对相关系统/模块有整体性的充分理解,同时需考虑资源利用和冗余设计等问题
软件工程师		根据智能网联汽车功能需求完成具体的软件开发	新岗位 软件开发技能与智能网联汽车功能需求相结合	掌握多类程序设计语言

续表

研发人员类型	工作职责	新岗位/新内涵	任职要求
硬件工程师	根据智能网联汽车功能需求完成具体的硬件开发	新岗位+新内涵 传统硬件→智能控制硬件 新增硬件：各种传感器、计算芯片等	需要掌握机械设计、电子电气等知识
算法工程师	负责大数据采集、处理、存储与运用，以及各种应用场景下的人工智能算法	新岗位 大数据、人工智能算法等与智能网联汽车功能需求相结合	需要掌握数据库、数据处理、AI、信息安全等关键技术，同时了解智能网联汽车产品应用场景及使用需求
测试工程师	在整车及系统不同层级进行产品功能和性能的标定匹配、测试验证，并确定优化空间和方向	新内涵 信息安全与功能安全、物理安全相结合	需要探索并掌握ICV标定匹配和测试验证的标准及流程，对相关软硬件的工作原理有足够的了解

例如，对于整车架构工程师，其工作职责是定义整车层级的逻辑与技术架构，其中逻辑架构包含各大功能模块的需求与交互定义，技术架构包含软硬件模块、调用接口和通信协议定义。在本质上，此类工作主要是在传统汽车相关工作的基础上产生了新内涵，即由硬件为主的整车集成向软硬件一体化的整车集成拓展。相应地，从事此类工作的人才对汽车新旧硬件和软件以及用户需求都要有充分的理解，同时还要考虑多维要素，以实现汽车产品整体的最优表现，其胜任难度和要求均远超从前。

再如，对于软件工程师，其工作职责是根据智能网联汽车功能需求完成具体的软件开发，这属于软件开发技能与智能网联汽车功能需求相结合的新岗位，主要需要相关人才掌握多类程序设计语言。

（二）人才特征分析

本次研究综合运用文献调研、专家研讨等方法，参考大量相关纲领性政策文件、法规标准及产业研究报告，结合业内专家观点，构建"思维方式—知识结构—工具方法"三个维度的智能网联汽车研发人员需求分析框架，并按此对相应各类人才的特征进行了全面评价。

1. 人才思维方式分析

思维方式主要体现人才的"软实力"。本研究利用频次分析法，结合学术文献、研究报告及专家观点，提炼多种相关思维方式，再根据智能网联汽车特点，结合专家意见，从中确定了最具表征性的四项思维方式，即创新思维、跨界思维、统筹思维和系统思维。采取三星级模式评价不同类型研发人员对不同思维方式的需求度，其中，星级越多代表需求度越高，无星级则代表对相应的思维方式基本无需求，评价结果如表4.3所示。

表4.3 智能网联汽车研发人员的思维方式评价

研发人员类型		创新思维	跨界思维	统筹思维	系统思维
系统工程师	整车架构工程师	★★★	★★★	★★★	★★★
	系统/模块架构工程师	★★	★★	★★★	★★★
软件工程师		★	—	—	★
硬件工程师		★	★	★	★
算法工程师		★★★	★★	—	★★
测试工程师		★	★★	★★	★★

可以看出，整车架构工程师由于需要全面综合考虑整车各类软硬件及各个模块，因此对四类思维方式都有较高要求。而在本研究的定义下，软件工程师主要负责按照已定的功能需求完成相关编程工作，所以并不需要具备跨界思维和统筹思维，仅需具备一定程度的创新思维和系统思维即可。

2. 人才知识结构分析

知识结构主要体现人才的"硬实力"，知识结构分析用于评价各类人才所需的知识体系。本研究结合《路线图2.0》、相关文献和研究报告等，梳理了智能网联汽车发展所需的主要技术，并以此构建智能网联汽车研发人员所需的知识体系架构。在此基础上，评价不同类型研发人员对不同知识结构的需求度，仍采用三星级模式，所得结果如表4.4所示。

可以看到，整车架构工程师由于负责整车层级的集成工作，几乎需要对各项知识有所涉猎，尤其要重点掌握控制及系统工程、操作系统等知识；而软件工程师主要完成相关编程工作，主要需要牢固掌握相关程序设计语言即可。

表 4.4 智能网联汽车研发人员知识结构评价

研发人员类型		动力系统及底盘	车身及座舱设计	电子电气架构	高性能传感器	车规级芯片	控制及系统工程	新材料新工艺	信息通信	大数据	云计算	云平台	人工智能	操作系统	程序语言
整车架构工程师		★★	★★	★★	★★★	★★★	★★★★	★★★	★★★	★★★	★★	★★	★★	★★★	—
系统工程师	系统/模块架构工程师	—	—	★★	★★	★★	★★★	★★★★	★★★	★★★	★★	★★	★★	★★★	—
	软件工程师	—	—	—	—	—	—	—	—	—	—	—	—	—	★★★
	硬件工程师	★★★	★★★★	★★★★	★★★★	★★★★	★★★★	★★★★	—	—	—	—	—	—	—
	算法工程师	—	—	★	★★	—	★★	—	—	★★★★	★★★★	★★★★	★★★★	★★	—
	测试工程师	★	★	★	★	★	★	—	★	★	★	★	★	★	—

3. 人才工具方法分析

工具方法主要体现人才的"硬实力",工具方法分析用于评价人才所需的工具方法技能。本研究参考相关文献、研究报告,结合业内专家观点,综合考虑智能网联汽车技术开发所需使用的各类软硬件工具,共提炼选取了四项最具表征性的开发工具作为评价指标,即新软件工具、新试验测试平台、数字化工具和数据管控平台。在此基础上,同样采用三星级模式,评价不同类型研发人员对不同工具方法的需求度,结果如表4.5所示。

表4.5 智能网联汽车研发人员所需工具方法

研发人员类型		新软件工具	新试验测试平台	数字化工具	数据管控平台
系统工程师	整车架构工程师	★★★	★★★	★★★	★★★
	系统/模块架构工程师	★★★	★★★	★★★	★★★
软件工程师		★★★	★	★★	★
硬件工程师		★★★	★★★	★★	★
算法工程师		★★★	★	★★★	★★★
测试工程师		★★★	★★★	★★★	★★★

可以看到,整车架构工程师、系统/模块架构工程师和测试工程师对四类工具的需求都较高;相比之下,软件工程师主要负责软件编程工作,因此对与软硬件开发紧密相关的新试验测试平台及数据管控平台的需求度较低;硬件工程师主要负责各零部件的软硬件性能、软硬件接口、功能实现方法等,因此对数据管控平台的需求度较低;算法工程师由于主要负责数据的收集、存储、处理和相关算法的实现,因此对与硬软件开发紧密相关的新试验测试平台的需求度较低。

三、人才需求及缺口预测

(一) 预测模型构建

本研究预测模型的构建思路是:基于智能网联汽车各个核心业务模块

的发展水平来推导人才需求的具体数量。具体来说，将以智能驾驶、智能座舱和车联网三大业务模块的发展水平来表征智能网联汽车的发展水平，同时分析影响这三大业务模块发展的主要因素，形成预测其未来发展水平的多级评价指标体系；基于现有相关人才需求的调研结果，建立智能网联汽车发展与人才需求之间的关联，最终完成对智能网联汽车人才需求数量的预测。

显然，选择评价智能网联汽车业务模块发展水平的适宜指标，是本课题构建量化预测模型的关键。遵循代表性、全面性、独立性和可量化性原则，兼顾预测研究的系统科学性和操作可行性，本课题选取了市场成熟度、技术驱动力和政策法规影响力作为一级评价指标，同时确定了各一级指标下的多项二级指标，以全面评价智能网联汽车三大业务模块的发展水平。

基于前述基本思路和原则，课题组构建了三维立体的智能网联汽车研发人员需求数量预测模型（如图4.3所示），通过预测不同业务模块在不同发展水平下对不同类型研发人员的需求数量，求和获得智能网联汽车研发人员需求的总量。

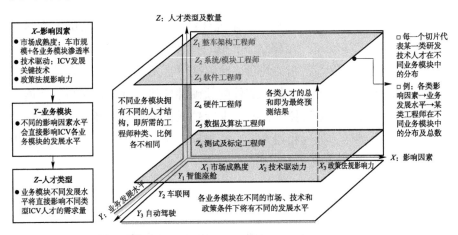

图4.3　智能网联汽车人才需求数量预测模型的结构

图4.3中，三维预测模型中的X轴代表业务发展水平的各个影响因素，即市场成熟度、技术驱动力和政策法规影响力；Y轴代表三大核心业务模块的发展水平，即智能座舱、车联网和智能驾驶；Z轴代表六类智能网联汽车研发人员及其需求数量。

由此，XY平面就构成了预测研究的基础，也就是基于各项影响因素即评价指标的不同得分预测未来三大业务模块的发展水平。而在 Z 轴上的每类研发人员，均可与 XY 平面形成一个彼此平行的切面，每个切面分别代表在不同发展水平下，三个业务模块所需的该类研发人员的数量。显然，将六个切面的人才数量汇总，就可以得到智能网联汽车人才的需求总量。此外，还可对 YZ 平面进行延展分析，得到不同类型研发人员在不同业务模块中所占的比例，这对智能网联汽车发展也颇具参考价值。

具体的影响因素评价指标体系如图 4.4 所示。通过智能网联汽车发展影响因素各项指标的得分，预测未来智能驾驶、智能座舱和车联网三大业务的发展水平，再通过回归分析，建立各类研发人员与业务发展水平之间的关联，进而预测所需的人才数量。课题组采用德尔菲法，根据行业专家意见确定二级评价指标体系的权重矩阵。

人才需求	产业发展水平	影响因素指标	
		一级指标	二级指标
整车架构工程师	自动驾驶业务模块	市场成熟度	车市规模
			自动驾驶渗透率
系统/模块架构工程师			智能座舱渗透率
软件工程师			车联网渗透率
		技术驱动力	感知决策与控制发展
			人机交互技术发展
硬件工程师	智能座舱业务模块		电子电气架构与操作系统发展
			大数据与云计算发展
			人工智能发展
算法工程师			信息通信技术发展
		政策法规影响力	汽车类
	车联网业务模块		信息通信类
测试工程师			交通及城市建设类
			测试规范类

回归分析推算智能网联汽车研发技术人才需求　　预测智能网联汽车三大业务模块发展水平

图 4.4　智能网联汽车人才需求数量预测模型的指标体系

人才需求预测的具体过程是：以整车架构工程师为例，首先基于客观参考数据，确定市场成熟度、技术驱动力、政策法规影响力之下各项二级评价指标的分值，并通过耦合相应业务模块的权重矩阵，分别计算出智能驾驶、智能座舱和车联网业务模块的发展水平得分。同时，基于实际调研数据，通过回归拟合法确定各业务模块发展水平得分与整车架构工程师需求数量之间的函数关系，依此分别预测各业务模块所需的整车架构工程师数量。最终将三大业务模块所需的整车架构工程师数量求和，即可得到整个智能网联汽车产业对整车架构工程师的需求数量。如图4.5所示。将六类人才需求数量求和，就获得了智能网联汽车人才需求的总量。

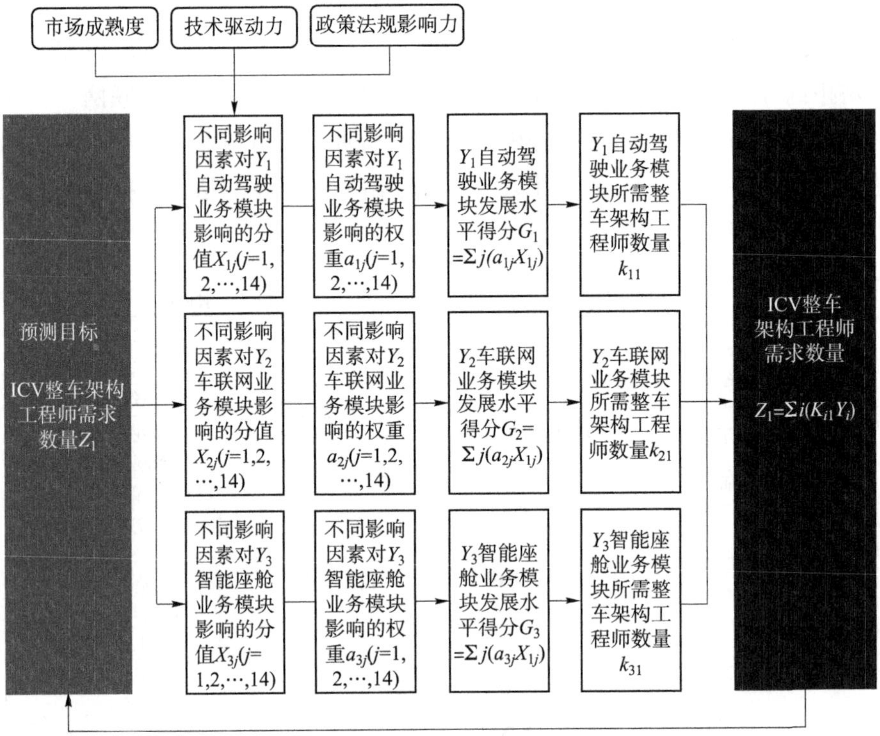

图4.5　整车架构工程师需求预测计算方法

（二）三大业务模块发展度分析

对智能网联汽车三大业务模块发展度进行分析，旨在获得未来各个业务板块的人才需求量，图4.6显示了其分析结果。从图中可以看到，智能网联汽车三大业务模块的发展度均呈逐年快速增长趋势，特别是在2020年之后，三大业务模块的发展速度都有所加快。究其原因主要有两点：一方面，未来五年预计智能网联汽车技术将进入密集应用期，业务渗透率会不断提升；另一方面，发展度在一定程度上与行业整体发展态势密切相关，而本课题以 2020 年之后中国汽车市场销量触底反弹、开始稳步回升为基准情景。此外，在智能网联汽车三大业务模块中，智能驾驶模块的发展度曲线较为滞缓，这与智能驾驶的难度相对较高有关。

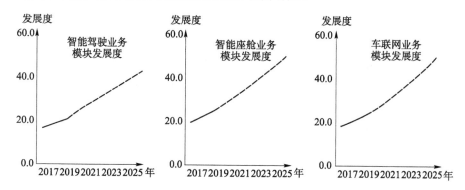

图 4.6　智能网联汽车三大业务模块发展度预测

需要说明的是，在本模型中发展度是一个相对值，其最高分值为 100 分，表示在目前定义的体系下发展到了该领域的最佳状态。

（三）发展度与人才需求数量的对应关系

课题组通过对调研数据的梳理，并与相应年度的历史发展度进行线性回归拟合，确定智能网联汽车业务发展度与人才需求数量的对应关系，作为预测未来人才需求数量的基础。

具体方法是：依据智能网联汽车人才调研数据，得到 2017—2019 年智能网联汽车三大业务模块研发人员的在岗数量，同时根据调研得到的人才紧缺度信息，得到 2017—2019 年人才需求数量的历史数据。对应相应年份智能网联汽车三大业务发展度的测算结果，通过线性回归拟合，确定智能网联汽车业务发展度与人才需求数量的定量对应关系。以此为基础，预测未来智能网联汽车人才需求数量。同时，在预测中还引入人均劳动生产率提升修正系数，因为随着人才自身的进步和培育体系的优化，未来人均工作产出必然会逐渐提升，这意味着完成相同的工作所需的人才数量会有所减少，所以要对人才需求数量进行修正。该系数依据中国人均劳动生产率环比变化率确定，数据来自世界劳工组织。

（四）人才需求量预测结果

1. 各类智能网联汽车人才的需求数量

根据三大业务模块发展度及各类人才在三大业务中所占的比重，预测得到智能网联汽车各类人才的需求数量，如图4.7所示。需要说明的是，模型预测中的软件工程师主要是指从事编程工作的工程师，而从事软件系统、数据、算法等工作的工程师则分别归属其他类型人才。

可以看到，未来五年硬件和软件工程师、算法工程师、测试工程师的需求量增长较快；整车架构工程师、系统/模块架构工程师的需求增长速度相对稳定，且绝对增量较小，但应注意这两类人才的重要度更高。

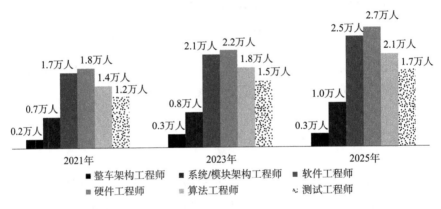

图 4.7 智能网联汽车各类人才需求数量预测

2. 各业务模块发展所需的人才数量

将上述六类工程师划分至智能网联汽车三大核心业务模块，预测得到各模块的人才需求数量，如图4.8所示。可以看到，在三大业务模块中，智能驾驶所需人才数量最多，车联网次之，智能座舱最少。未来五年，三大业务的人才需求数量均逐年上升，其中，智能驾驶和车联网模块的人才需求增长较快，智能座舱模块的人才需求增长相对较慢。

3. 智能网联汽车人才需求总量

经过模型量化预测，汇总获得智能网联汽车人才需求数量的最终结果：2021年约为7.0万人，2023年约为8.7万人，2025年约为10.3万人。如图4.9所示。

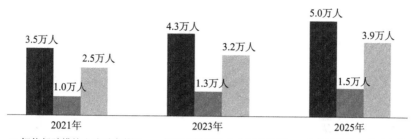

图 4.8　智能网联汽车三大核心业务模块人才需求数量预测

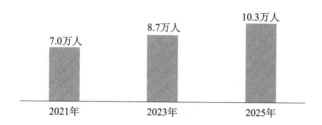

图 4.9　智能网联汽车人才需求总量预测

（五）不同发展情境分析

上述结果是基于智能网联汽车发展的基准情境预测得到的。但是智能网联汽车正处于成长期，后续发展存在很大的不确定性，相应的人才需求也会有很大的不确定性。为此，本次研究采用情境分析方法，探讨不同市场、技术和政策条件下智能网联汽车人才需求数量的变化。

1. 不同情境下智能网联汽车三大业务模块的发展度

本研究按照快速发展、稳步发展和缓慢发展三种情境展开分析。其中，快速发展情境是指汽车市场及智能网联汽车渗透率超出预期快速发展，相关技术快速发展，车路协同快速推进，政策法规体系促进激励智能网联汽车发展。稳步发展情境即为前述预测采用的基准情境，是指汽车市场及智能网联汽车渗透率稳步发展，相关技术稳步发展，车路协同稳步推进，政策法规体系与智能网联汽车发展相匹配。而缓慢发展情境是指汽车市场低迷，智能网联汽车渗透率增长缓慢，相关技术缓慢发展，单车智能仍占主导地位，政策法规体系滞后于智能网联汽车发展。在三种发展情境下，智能网联汽车核心业务的发展速度有明显不同，具体如图 4.10 所示。

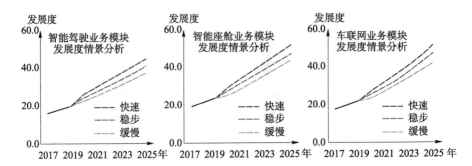

图 4.10　不同情境下智能网联汽车三大业务模块的发展度

2. 不同情境下智能网联汽车的人才需求数量

在快速发展、稳步发展和缓慢发展三种情境下，分别对智能网联汽车人才需求数量进行预测，得到未来五年智能网联汽车人才需求数量的可能区间：其中，2021 年为 6.1 万～7.9 万人，2023 年为 7.7 万～9.9 万人，2025 年为 9.2 万～11.6 万人，如图 4.11 所示。

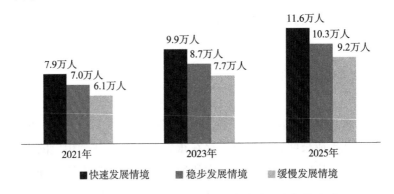

图 4.11　不同情境下智能网联汽车人才需求数量预测

（六）人才缺口预测

从事智能网联汽车研发技术工作的人才来源包括公司内部转岗、校园招聘、社会招聘等。公司内部转岗和跨行业社会招聘多集中在智能网联汽车研发部门/机构成立初期，随着智能网联汽车各研发部门/机构发展越来越成熟，社会招聘多集中在行业内的成熟人才，而行业内的人才换工作不影响智能网联汽车既有的人才存量，据此推测到 2025 年，智能网联汽车新增人才供给来源主要为校园招聘。

如表4.6所示,根据高等教育质量监测国家数据平台的监测数据,预计2025年智能网联汽车相关专业培养的本科毕业生约89.2万人。根据纳入提供的1990—2017届17个相关专业毕业生进入智能网联汽车就业的比例(0.82%)计算,进入智能网联汽车就业的本科毕业生人数约为0.73万人,2025年人才存量约为7.2万人,2025年模型测算需求预测为9.2万~11.6万人,据此推测2025年智能网联汽车产业研发人员的缺口约为1.3万~3.7万人。

表4.6 2025年智能网联汽车研发人员缺口预测

相关本科专业毕业生数/万人	流入智能网联汽车就业比例(1990—2017届)	相关专业本科毕业生进入智能网联汽车人数/万人	2025年智能网联汽车研发人员存量/万人	2025年智能网联汽车研发人员需求/万人	2025年智能网联汽车研发人员缺口/万人
89.2	0.82%	0.73	7.2	9.2~11.6	1.3~3.7

第五章 问题和建议

一、从业人员数量供给不足

(一) 问题分析

(1) 企业普遍反映智能网联研发人员缺乏。今后五年人才需求以年复合增长率13.97%增长,高校相关专业毕业生供给以年复合增长率4.45%增长。根据全球著名的招聘网站 INDEED 的数据,可以看出智能驾驶相关职位正在以27%的速度快速增长,不过每年投递这些职位或者搜索相关词条的人数仅以15%的速度在增长。2025年智能网联汽车按高、中、低三种发展情境人才需求量分别为9.2万人、10.3万人和11.6万人,届时人才存量为7.2万,高校相关专业当年毕业生流入智能网联汽车就业约为0.73万人,人才净缺口为1.3万~3.7万人。在高速发展情境下净缺口为3.7万人,相当于目前智能网联研发人员存量的69.4%。

(2) 智能网联研发人员构成需要大量计算机类、电子信息类和自动化类专业的人才,令企业尤其困扰的是这些 IT 背景人才难招、难用、难留。难招的原因很复杂,主要原因有三个:第一,我国在制造业整体向数字化、智能化转型过程中大量需要这三类人才,导致总量供给不足。目前高校在这三大类专业招生人数占比为12.02%,并且以年复合增长率6.06%增长,但依然无法满足需要。第二,汽车行业在薪酬上不具竞争力,这与制造业整体薪酬低有关。在我国各行业大类薪酬结构中,制造业排第14位,倒数第6位。毕业生薪酬调查结果显示,IT 背景三大专业类别人才毕业三年后的平均薪酬是车辆工程专业的2~3倍。从事智能网联的车辆工程专业人才薪酬较专业平均薪酬高,但从事智能网联的 IT 背景人才薪酬较专业平均薪酬低,因此很难吸引 IT 专业背景人才进入汽车企业从事智能网联相关工作。同时,企业还要解决薪酬总量控制以及岗位和专业间的薪酬平衡问题。第三,除薪酬因素外,制造业强度大、吸引力低也是部分因素。制造业从业人数自2010年开始下降,从29.0%降至2018年的24.2%,制造业 GDP 占比也自 2007 年开始从 32.0% 降至 27.8%。汽车行业新车销售量自 2018 年开始下降，从业人数也从 2018 年的 610 万人降至 2019 年的 551 万人。这也是欧美日发达国家后工业化时代普遍呈现的趋势，对此发达国家普遍采取重塑制造业战略（例如美国）以提高制造业 GDP 比重和从业人员比重。我国也应采取相应措施扭转制造业下滑的趋势。难用是指 IT 背景三大专业研发人员的工作思路、语言、研发程序跟传统车辆研发人员不同，很难融入车企的研发工作。难留指的是 IT 背景三大专业类的人员离职率高。汽车研发人员平均离职率为 12.8%。个人调查问卷显示，智能网联汽车研发人员中有 37.6% 的人因各种原因离职，且大部分是 IT 背景三大专业类人才。

（二）措施建议

1. 完善车辆工程专业的课程设置及学科升级

通过完善车辆工程专业的课程设置，在车辆类核心课程基础扎实的情况下，增加计算机、电子信息、自动化的相关课程，如受学分所限可以选修课形式补充，培养复合型人才可以缓解部分人员不足问题。在深访中上汽摸索的经验值得思考，20% 的车辆工程专业学生经过培训可以通过基础软件知识的测试，胜任部分计算机类、电子信息类和自动化类专业毕业生的工作，说明可以通过 IT 类知识的补充部分解决人才供给不足问题。上汽已与清华联合培养车辆专业工程师增加计算机专业知识。并且课题组和行业专家普遍认为鉴于智能化、网联化、电动化使车辆专业这一汽车行业的主要供给专业的知识内涵和结构发生了深刻变化，除车辆、机械核心课程外、还涉及计算机、电子信息、自动化、能源动力、材料、仪器仪表、交通运输等多个专业，呈现多领域跨专业的深度融合特征，远远超出了原有机械类的知识结构和范畴，宜设立为交叉型一级学科。如果不做根本性学科升级调整，而是在现有车辆专业上调整课程，由于各类课程所占比例的限制，不能彻底解决人才供给问题。

2. 进一步扩大三大类专业布点和招生规模

在我国制造业向数字化智能化整体转型中，智能网联汽车、智能制造、人工智能、区块链、工业互联网和关键软件等战略新兴产业和领域均需计算机类、电子信息类、自动化类三大专业毕业生，专家判断人才短缺现象可能会在今后十年内存在。建议由行业主管部门和教育部统筹规划，进一步扩大专业布点和招生规模。

3. 通过加强行业和企业培训增加人员供给

汽车行业有55.1万研发人员的存量，智能网联人员来源构成中，只有34.85%来自高校毕业生，41.91%来自社会招聘，20.53%来自企业内部培训转岗，其余来自海外招聘。62%以上的智能网联研发人员来自存量供给。大量企业通过培训来补充人才供给，如博世公司就在进行全员数字化培训和转岗，课程持续半年左右，投入力度相当大。企业培训大致可分为面向车辆和机械等专业的传统车辆工程师培训计算机知识，面向计算机等专业类的人员培训车辆工程知识。企业反映单纯依靠自身去解决数量大且内容分散的培训整体效率不高，企业也缺乏资源平台，行业宜提供全系列培训，同时结合紧缺岗位的要求，设置部分有针对性的专项培训项目。

中国汽车工程学会在逐渐厘清了企业需求后，正在与高校、技术教育分会等单位设置系列课程，目前已经酝酿成熟的是与技术教育分会秘书处挂靠单位吉林大学开设的含智能网联汽车工程导论、环境感知技术、决策规划技术、线控底盘技术、智能座舱设计、高精度地图与定位、V2X技术与云控平台开发、电子电气架构技术、虚拟仿真技术、功能安全技术、网络安全研究报告、测试评价技术等12个技术方向的全系列课程，包括理论讲解和实践课程，且有自愿参加的考核和证书。这一课程不仅企业有需求，正在探索设立智能网联方向的高校也同样需要。2020年11月25—27日首期智能网联培训课程在吉林大学成功举办。

4. 采取全方位多层次的解决方案，培育良好的行业生态，解决制造业薪酬低、就业吸引力低的问题

第一，政府层面通过财税措施、财政分配体系给制造业适当增加利润空间，并且出台专项措施鼓励提高制造业从业人员薪酬待遇。宣传部门宜通过各类宣传手段营造制造业光荣的社会舆论氛围，国家层面建立"国家工程师"表彰体系，提高从业荣誉感。智能网联从业人员中包括2%的归国人员，主要担任各技术领域领军人才和关键技术带头人的角色，在当前单边主义盛行的国家环境下应更加着力通过各项政策吸引归国人员，整体带动智能网联技术的全面提升。

第二，行业层面进一步完善工程师水平评价机制，以工程技术人员的职业资格评价和职业生涯通道设计提供薪酬以外的激励和认可机制。结合重要和紧缺岗位目录总体调控、重点培养关键人才，建立行业人才预警机制。

第三，企业层面重视品牌战略，提升利润空间，提高人均研发经费和研发人员薪酬，形成良性循环。企业同时应探索多层次复合型的激励措施。例如作为薪酬改革方向，部分企业采取跟投、鼓励创业、股权激励的方式，其他如职业成就感、职业晋升通道、集体荣誉感等也值得创新。

二、从业人员质量不能满足行业需求

（一）问题分析

1. 复合型人才培养机制不足

智能网联汽车新增功能需要跨学科背景的复合型人才，企业深访充分体现了这一行业需求。例如 T－Box 开发工程师，既要懂得通信协议相关知识，又要了解 Linux 系统相关知识，并对自动化理论及车辆控制技术有所了解；车联网大数据工程师，既要懂得大数据算法知识，又要了解计算机编程语言相关知识，并对车辆工程相关知识、机器学习及人工智能知识有所了解。但个人问卷显示，现阶段智能网联研发人员多为专业型人才，本科、硕士阶段专业背景相同的研发人员约占77%，具有多学科背景的专业技术人员明显偏少，且研发人员已经在工作中切身感受到了跨学科知识背景的必要性，但相关专业课程设置目前在复合型方面体现不充分，呈现传统的单一结构，不能满足智能网联汽车对复合型人才的旺盛需求。

2. 专业核心课程设置与需求偏离

个人调查问卷和高等教育质量监测国家数据平台监测数据中的课程设置现状比较显示，机械类（除车辆工程外）和车辆工程的核心课程设置已较大偏离实际需求，匹配度分别为33%、53%，缺乏计算机技术、自动控制理论、单片机原理、微机原理、数字电子技术、信号处理等课程。这些个人问卷反映的需求也同时印证了复合型人才的需求。

3. 毕业生工程实践能力不足和高校知识更新迭代慢

企业培养毕业生适应工作岗位需要一年左右，呼吁能否将工程实践能力培养前置到高校最后一学期，例如德国工程类高校的最后一学期，毕业生结合毕业设计在企业出勤并完成。

同时企业反映毕业生学习的知识内容更新迭代赶不上行业发展的速度。高校不能将最新的行业主流技术和发展方向及时反映在教学内容中，部分教材甚至落后于行业十年左右。

4. "卡脖子"关键技术人才缺乏

我国智能网联汽车在一些底层关键核心技术上仍受制于人。课题组对一些重点企业走访调研时发现，在车规级芯片、软件（操作系统）、电子电气架构、车联网、ADAS核心算法、人工智能等技术领域存在"卡脖子"问题，行业极度渴求领军人才带领团队进行技术攻关，提升我国智能网联汽车技术在国际上的竞争力。在中美贸易争端背景下，面对高科技产品的供应限制，"卡脖子"关键技术的突破尤为重要。

（二）措施建议

有关复合型人才培养机制不足和专业核心课程设置与需求偏离的问题，改进措施应为车辆工程专业作为交叉型学科的学科升级和课程设置的复合型改造，前已论述。

针对工程实践能力不足和高校知识更新迭代慢的问题，建议通过以下措施提升人才供给质量。

（1）政府促进校企合作。政府层面应采用多种措施推动企业参与人才培养的积极性，建立多种校企联合育人平台。例如使用国企管理层评价机制、设立专项基金等方式促使企业参与教材更新修订、与高校联合建立实训中心。教育系统可以以试点方式开展部分车辆工程专业毕业生最后一学期在企业出勤并完成毕业设计的改革，评估工程实践能力培养前置的实施效果。

（2）高校积极吸纳企业人才。高校应进一步打通与企业的人才流动壁垒，吸引企业人才任教。进一步推广"双师制"，创新各种有利于企业高级技术人员在高校任职、短期任职、授课的机制。

针对"卡脖子"关键技术人才缺乏的问题，建议通过专项扶持和人才举荐并举，培养人才梯队，攻克"卡脖子"技术。具体建议如下：

（1）国家层面，通过设立重大科技专项，对"卡脖子"技术进行重点攻关，通过项目带动高端人才的培养，例如科技部设立的"新能源汽车"重点专项。进一步完善海外人才引进政策，依据创新链、产业链精准布局，有的放矢引进人才。引导优质资源向解决"卡脖子"关键技术人才方向倾斜，指向性地吸引更多优秀紧缺人才归国发展，充实我国智能网联汽车高端人才队伍。通过推动车辆工程升级为交叉型一级学科，从根本上解决高校人才培养和行业技术发展需求不匹配的矛盾，大力培养复合型人才，提升学生的工程实践能力，培养高质量的工程师后备军。

（2）行业组织层面，加大人才举荐力度，做好人才培养的孵化器和助推器。例如通过中国科协设立的"青年人才托举工程"项目，中国汽车工程学会在青年人才成长的关键期，为青年人才提供资金和学术资源、国际资源、产学研协同创新等资源支撑，帮助他们在创造力黄金时期做出突出业绩，尽快成长为国家主要科技领域高层次领军人才和高水平创新团队的重要后备力量。

相信在政府、行业、高校、企业各方面的通力合作下，智能网联研发人员质量与数量的不足均能在不久的将来得到部分缓解直至完全解决。

附 录

一、参与调研企业名录（重体字为深度访谈企业）

产业链上游		代表性企业	产业链中游	代表性企业	产业链下游	代表性企业
感知系统	激光雷达（激光器）	亮道	智能驾驶解决方案	智行者、百度、图森、初速度、环宇智行、清智、精锐、优众、纵横、大陆、东软、四维图新、保隆科技、纽劢、智加科技	整车	吉利、长安、一汽、东风、上汽、奇瑞、北汽、比亚迪、广汽、重汽、陕汽、蔚来、威马、中通、厦门金龙、普天、沃际、中兴智能、京环装备、爱驰、泛亚
	超声波雷达	优达斯、博世、松下、大陆				
	毫米波雷达（收发芯片、天线）	恒润科技、博世、大陆、纳瓦电子				
	摄像头（摄像头模组、传感器、镜头）	优达斯、舜捷、大陆、松下				
决策系统	计算芯片	地平线、华为、四维图新、黑芝麻				
	智能驾驶操作系统	华为、中兴、锦图计算				
	计算平台/域控制器	华为、地平线、初速度、超星未来、中兴、黑芝麻、英博超算				
执行系统	线控制动	亚太、京西重工、爱信诺、航芯、富晟、博世、大陆				
	线控转向	博世				
	驱动电机	越博				
信息通信系统	大数据云控平台	智行者、四维图新				

续表

产业链上游		代表性企业	产业链中游	代表性企业	产业链下游	代表性企业
信息通信系统	通信模组	大唐、华为、中兴、远东、国科天迅、旺富达、大陆、纳瓦电子	高精度地图	百度、易图通、清研捷运、中海庭、星舆、四维图新、高深智图		
	通信终端	大唐、智能车联、东软、华为、万集、德赛西威、高新兴、大陆	基础支撑技术 — 高精度定位	百度、雅迅、清研捷运、国业、星舆、北斗、北斗星通、华创北斗、高深智图		
	车机	德赛西威、爱信诺航芯、博世、大陆、松下、华阳通用	信息安全	椰榔安全、天融信、豆荚、东软、奇虎、大信捷安、锦图计算、奥联、云豹链、工业互联网创中心(上海)、北京智慧云		
	HUD	德赛西威	测试评价	百度、智能车联、测迅、湘江、德凯认达、光谷智联、中汽院智能网联		
智能座舱零部件	液晶仪表盘	德赛西威、新通达、精钰、博世、大陆	智能座舱解决方案	博泰、德赛西威、博世、大陆、松下、华阳通用		
	通讯模块(T-Box)	华为、中兴、东软、高新兴、博泰、英贝德、智能网联、水科电子、中汽院智能网联				
	座舱OS	德赛西威				
	人机交互功能(语音、手势、DMS)	百度、择星、思佳、锦图计算				
	内容服务商(地图导航、信息娱乐等)	盈趣、艾拉比、思佳、四维图新				

二、参与调研院校名录

安徽工程大学	广西科技大学		天津中德应用技术大学
安阳工学院	桂林航天工业学院	江汉大学	攀枝花学院	同济大学
蚌埠学院	哈尔滨华德学院	江苏大学	清华大学	铜陵学院
北华大学	合肥工业大学	江苏理工学院	三亚学院	潍坊学院
北京航空航天大学	河北工程大学	金陵科技学院	厦门理工学院	温州大学
北京理工大学	河北工业大学	昆明理工大学	山东建筑大学	武汉华夏理工学院
北京信息科技大学	河南科技大学	昆明理工大学津桥学院	山东交通学院	武汉理工大学
长安大学	黑龙江工程学院	兰州城市学院	山东理工大学	西北农林科技大学
长春大学	湖北第二师范学院	辽宁工程大学	上海电机学院	西华大学
重庆工商大学	湖北文理学院	聊城大学	上海工程技术大学	烟台大学
重庆交通大学	湖南大学	洛阳理工学院	沈阳工业大学	盐城工学院
重庆理工大学	华东交通大学	南京工程学院	太原工业学院	扬州大学
东北林业大学	华南理工大学广州学院	南京工业大学浦江学院	太原学院	
东北农业大学	黄冈师范学院	南京林业大学	唐山学院	
福建农林大学	吉林大学	宁波工程学院	天津科技大学	
		宁夏理工学院	天津职业技术师范大学	

三、重要岗位任职要求

序号	岗位族名称	岗位名称	岗位定义	知识		经验	技能
				专业	学历		
1	系统工程师（整车）	智能驾驶系统架构工程师	从事智能驾驶系统整体架构相关工作，包括架构方案设计、系统方案设计开发、功能安全设计开发、电子模块软件需求的分析，与团队共同完成系统级架构设计、软件分层、模块分解，功能分解等	计算机类（计算机科学与技术、软件工程等）、电子信息类（电子信息工程、通信工程等）、数学类（数学与应用数学）等相关专业	博士毕业2年以上或硕士毕业5年以上	熟悉智能驾驶行业现状以及发展趋势，在智能驾驶行业有5年及以上工作经验	1. 熟练掌握机器学习、深度学习等领域相关理论和算法； 2. 精通 OpenCV 和 MATLAB 开发，熟练掌握 C/C++ 语言，有很强的算法分析实现能力，并具备良好的代码和文档风格； 3. 具备智能驾驶规划能力，并对系统架构、关键技术、行业资源情况等有深刻理解
2	系统工程师（整车）	智能座舱系统架构工程师	从事智能座舱系统设计工作，包括系统架构方案和系统需求确定、制定设计方案子模块设计方案，软件分层、模块分解，功能分解等	车辆工程、微电子学、计算机类（计算机科学与技术、软件工程等）、电子信息类（电子信息工程、通信工程等）、自动化等相关专业	本科及以上学历	1.5年以上汽车多媒体开发经验，并有成功产品开发案例，或4年以上主机厂相关工作经验，熟悉汽车电子产品，熟悉智能座舱系统硬件平台架构及工作原理；	1. 熟悉智能座舱硬件选型相关技术要求； 2. 熟练使用工具软件 AXURE,KANZI,PS 等； 3. 精通 Java,C 或 C++ 等编程语言，熟练掌握软件设计模式

续表

序号	岗位族名称	岗位名称	岗位定义	知识		经验	技能
				专业	学历		
2	系统工程师（整车）	智能座舱系统工程师	从事智能座舱系统设计工作，包括系统架构方案和系统需求确定、系统及子模块设计方案、软件分层、模块分解、功能分解等	车辆工程、微电子学、计算机类（计算机科学与技术、软件工程等）、电子信息工程等）、自动化等相关专业	本科及以上学历	2. 拥有大型整车厂及Tier1系统工程经验者优先	4. 熟悉汽车电子系统架构，熟悉嵌入式软件架构，熟悉车载硬件架构 ECU、MCU、MPU 硬件架构； 5. 参与或主导开发车载娱乐系统、仪表系统、音效系统、视觉系统2个以上项目开发，有过嵌入式硬件和软件的开发评审经验，能够根据系统需求进行系统设计，进行软件模块开发、实现性能优化等工作
3	系统工程师（整车）	环境感知架构工程师	从事智能驾驶感知模块框架的设计开发工作，包括测试代码的编写、算法验证等	电子信息工程、通信工程、电气工程及其自动化、自动化类、仪器类（仪测控技术与仪器）、计算机类、车辆工程等相关专业	本科及以上学历	1. 在视觉感知领域至少3年以上工作经验，有前向视觉感知、侧向视觉感知、鱼眼视觉感知等功能开发经验；	1. 精通 Linux/QNX 系统下的 C、C++ 编程，有良好的代码风格； 2. 精通 Python，掌握一种嵌入式优化语言（CUDA、DSP、NEON等）；

续表

序号	岗位族名称	岗位名称	岗位定义	知识		经验	技能
				专业	学历		
3	系统工程师（整车）	环境感知架构工程师	从事智能驾驶感知模块框架的设计开发工作，包括测试代码的编写，算法验证等	电子信息类（电子信息工程，通信工程等）、电气工程及其自动化等）、自动化类（仪器仪表类、计算机类、车辆工程等相关专业	本科及以上学历	2. 了解市场主流使用的嵌入式芯片（TDA3、Xavier），有相关嵌入式优化经验优先	3. 熟悉智能驾驶感知算法 Pipeline 框架及算法开发和应用经验优先； 4. 熟悉图像检测、识别、跟踪中的目标检测、三维点云等感知算法，有实际的开发经验者优先； 5. 熟悉深度学习算法（CNN、RNN等）和框架（Tensorflow、Pytorch、Caffe、MXNet等），有大规模数据处理经验者优先
4	系统工程师（整车）	电子电气架构工程师	从事智能网联汽车相关电子电气架构设计工作，包括法规和设计需求制定智能网联整车电气功能相关系统电子电气功能定义，根据总体子系统功能定义及完成子系统功能定义及功能开发方案确认等	电子信息类（电子信息工程，通信工程等）、电气工程及其自动化等）、车辆工程等相关专业	本科及以上学历	1. 2 年以上电子电气架构工作经验，熟悉车联网、车联网网关等信息安全设计； 2. 有车联网开发经验优先	1. 对整车电子电气系统架构、功能开发策略开发及分配，功能安全、信息安全、电源分配及管理等相关技术都有深入了解； 2. 熟悉整车网络架构和各种车载通信协议；

续表

序号	岗位族名称	岗位名称	岗位定义	知识		经验	技能
				专业	学历		
4	系统工程师（整车）	电子电气架构工程师	从事智能网联汽车相关电子架构设计工作，包括整车功能目标需求制定智能网联相关系统电子电气功能定义，根据总体功能定义完成各子系统功能定义及功能开发方案确认等	电子信息类（电子信息工程、通信工程等）、电气工程及其自动化等）、车辆工程等相关专业	本科及以上学历	1. 2年以上电子电气架构工作经验，熟悉车载电子电气架构设计、车载网、车联网、网关等信息安全设计； 2. 有车联网开发经验优先	3. 具备智能型技术趋势分析、智能驾驶、智能互联等新型技术关键系统架构方案设计及系统需求制定能力； 4. 熟悉电子电气架构相关知识、法规； 5. 熟悉电子电气架构开发流程
5	系统工程师（整车）	车联网系统工程师	从事智能网联汽车车联网系统设计工作，包括车联网总体功能规划，制定车联网系统功能定义，对子系统功能进行技术协调，技术把关，总体方案项目推进等	电子信息类（电子信息工程、通信工程等）、计算机科学与技术、软件工程类（电气工程及其自动化）等相关专业	硕士及以上学历	1. 有智能交通、车联网、智能网联汽车、车路协同等领域2年以上工作经验； 2. 熟悉DSRC、LTE-V、4G、5G等无线通信技术中至少一种，具有无线通信产品、GPS产品等射频产品开发调试经验； 3. 有交通信控相关经验者优先	1. 理解智能网联车V2X相关场景并能进行V2X场景功能开发主流； 2. 熟悉国际和国内主流V2X技术路线及标准制定； 3. 掌握一种基于SDK的产品开发方法，并深入理解V2X网络的运行逻辑； 4. 熟悉车路协同的整体架构和关键问题，具备车路协同的产品架构设计和体系搭建能力

续表

序号	岗位族名称	岗位名称	岗位定义	知识		经验	技能
				专业	学历		
6	系统工程师（整车）	大数据平台架构师	主要从事智能网联相关的大数据平台框架的规划设计运维、优化持续优化及系统关键模块的设计开发	计算机类（计算机、软件工程等）、电子信息类（通信工程等）等相关专业	硕士及以上学历	1.从事车联网通信及大数据领域工作2年以上，熟悉车联网综合应用、技术原理、数据模型设计方法论等； 2.具有通信数据分析、数据挖掘方向经验者优先考虑	1.熟悉Linux系统环境，对车联网通信及应用场景有深入理解； 2.了解Cloudera Manager大数据平台架构，了解CDH、HDFS、Hive、HBase、Impala、Spark、Storm、YARN等Hadoop相关工具； 3.了解Hive、Hbase、HDFS基本操作，熟练掌握Oracle、MySQL数据库的操作，熟悉PL/SQL语言
7	系统工程师（整车）	云平台架构工程师	从事公司级/整车的云平台规划设计、架构、部署、网络、系统集成、安全、虚拟化，提供整体方案；参与云平台重要核心组件的设计、实施研发、上线部署与后期升级；对云平台的系统整体性能指标负责；	计算机类（计算机、软件工程等）、数学类（数学、统计学）等相关专业	本科及以上学历	1.在信息技术领域具有至少10年的经验； 2.主导或参与过云管理平台，针对跨云（混合云、多云）管理平台的设计和开发有实际经验；熟悉云服务对企业/客户的业务模式；	1.了解主流云平台的架构、功能、性能、技术特性； 2.熟悉主流虚拟化技术（KVM、XEN、VMvare等），对PaaS/SaaS平台架构有深层次的了解；

续表

序号	岗位族名称	岗位名称	岗位定义	知识 专业	知识 学历	经验	技能
7	系统工程师（整车）	云平台架构工程师	对产品的功能验证和验收，发现产品存在的缺陷和问题，并不断跟踪	计算机类（计算机科学与技术、软件工程等）、数学类（数学、统计学）等相关专业	本科及以上学历	3. 具备广泛的解决方案技术领导力，能影响重要的技术方向，在直接领团队以外施加影响并推动变革	3. 熟悉虚拟化技术、云计算技术、分布式平台、主流开源云计算平台，如 Linux 内核等，OpenStack、CloudStack、Hadoop、Cloudfoundry、Docker 等； 4. 擅长云转型相关的需求分析、架构设计，并形成能够落地的技术方案，擅长规划和设计高扩展性、高性能、安全、稳定、可靠的云平台的能力
8	系统工程师（整车）	信息安全、功能安全工程师（预期功能安全）	从事域控制器功能安全相关项的工作，包括使用场景分析、风险评估、概念阶段详细设计、潜在失效模式及影响分析（FMEA）、故障树分析（FTA）、IBC、SBW、	电子信息类（电子信息工程、通信工程等）、自动化、电气工程类（电气工程及其自动化）、车辆工程等相关专业	本科及以上学历	1. 具备 5 年智能驾驶域系统开发测试的实践经验，3 年以上的底盘域或智能驾驶域的功能安全开发经验； 2. 具备功能安全评估与审核经验，具备功能安全培训经验	1. 熟悉 ISO 26262 标准、汽车电子系统及软硬件安全开发流程及方法； 2. 掌握功能安全目标分析能力、软件安全架构设计能力、ASIL 等级评估应用能力、诊断措施应用能力； 3. 熟悉 AUTOSAR AP&CP 体系架构、信息安全原理

续表

序号	岗位族名称	岗位名称	岗位定义	知识		经验	技能
				专业	学历		
8	系统工程师（整车）	智能网联功能安全工程师（信息安全、功能安全、预期功能安全）	ASS等控制器系统阶段详细设计、系统阶段和软硬件阶段功能安全评估与审核使用场景建立、功能安全概念设计、功能安全案例论证，从事智能驾驶系统功能安全设计、预期功能安全开发流程、方法论预研等；从事新电子电气架构平台支持功能安全架构设计、整车级功能安全方案制定、实施路径等	电子信息类（电子信息工程、通信工程等）、自动化、电气工程类（电气工程及其自动化）、车辆工程等相关专业	本科及以上学历	1. 具备5年智能驾驶领域系统开发及测试的实践经验，3年以上的底盘域或智能驾驶领域的功能安全开发经验； 2. 具备功能安全评估与审核经验，具备功能安全培训经验	1. 熟悉ISO 26262标准、汽车电子系统及软硬件安全开发流程及方法； 2. 掌握功能安全目标分析能力、软件安全架构设计能力、ASIL等级评估能力、诊断措施应用能力； 3. 熟悉AUTOSAR AP&CP体系架构、信息安全原理

续表

序号	岗位族名称	岗位名称	岗位定义	知识-专业	知识-学历	经验	技能
9	系统工程师（系统/模块）	线控底盘系统工程师（EPS、ESC等）	从事线控底盘系统的整体研发工作，包括线控底盘系统的目标定义、子系统目标分解等	车辆工程、自动化、控制科学与工程等相关专业	本科及以上学历	1.本科8年，硕士5年及以上，从事底盘相关系统开发（有转向系统开发）经验者优先；2.熟悉汽车构造、汽车理论及设计知识；3.熟悉汽车四大工艺，熟悉冲压、机加、材料等基本专业知识	1.熟悉设计开发流程，熟悉底盘系统设计，熟悉EPS、ESC、ABS、EBS等底盘系统标定校；2.具备系统匹配计算能力及了解系统主观评价方法；3.熟练使用MATLAB等软件；4.具有2～3个乘用车底盘系统（电动转向系统）开发经验者优先；5.有底盘相关系统控制策略实际开发经验
10	系统工程师（系统/模块）	ADAS系统工程师（ACC、AEB等）	从事ADAS系统整体研发定义工作，根据整车定义或者测试规范要求，提出ADAS系统总体设计定义，并分解出各子系统设计定义，对各子系统	自动化、车辆工程、计算机类（计算机科学与技术、软件工程）等相关专业	本科及以上学历	1.5年以上汽车相关工作经验，2年以上汽车先进驾驶辅助系统产品开发经验；熟悉汽车产品开发流程	1.熟悉先进驾驶辅助系统ADAS技术、市场发展趋势；2.熟悉、掌握ADAS相关算法的技术，掌握车辆控制算法的基本原理并具备实现算法的能力与嵌入式开发的能力；

续表

序号	岗位族名称	岗位名称	岗位定义	知识		经验	技能
				专业	学历		
10	系统工程师（系统/模块）	ADAS系统工程师（ACC、AEB等）	进行技术协调、技术把关、总体项目推进等	自动化、车辆工程、计算机类（计算机科学与技术、软件工程等）等相关专业	本科及以上学历	3. 有智能驾驶系统的架构设计、智能驾驶系统控制算法开发、智慧交通架构设计经验； 4. 了解汽车横纵向及制动控制，了解底盘控制、车身动力学与运动学； 5. 具有AEB、ACC、LKA、TJA等ADAS功能开发经验者优先	3. 熟悉机器人、无人机、人工智能、智能汽车等领域上的应用； 4. 熟悉ADAS法规及标准，EU-NCAP、C-NCAP； 5. 具备功能安全设计能力； 6. 熟悉车用雷达、摄像头等驾驶辅助系统产品特性
11	系统工程师（系统/模块）	人机交互工程师	从事汽车智能产品的人机交互设计，包括分析和研究人机交互界面设计趋势和用户体验，开展前期方案设计、统筹车辆交互方案需求，定义各人机接口（大屏、开关、人机接口）	计算机类（计算机科学与技术、软件工程）、电子信息类（通信工程等）等相关专业	本科及以上学历	1. 3年或以上软件开发经验； 2. 具有触控开发经验； 3. 具备产品设计和分析能力，熟知各项参数设定标准	1. 具备视觉领域各产品的设计和仿真分析能力，能够对硬件进行仿真定标准，能够明确各项参数设计的发展趋势； 2. 掌握视觉平台（行车记录仪、智能识别、抬头显示、流媒体后视镜、显示屏、车内乘员检测雷达等）各项技术的工作原理，熟悉汽车通信交互技术方案；

续表

序号	岗位族名称	岗位名称	岗位定义	知识		经验	技能
				专业	学历		
11	系统工程师（系统/模块）	人机交互工程师	控制面板等）的功能，有针对性地提炼设计亮点，提升用户体验等	计算机类（计算机科学与技术、软件工程、电子信息等）等相关专业	本科及以上学历	1. 3年或以上软件开发经验； 2. 具有触控领域等产品开发经验； 3. 具备产品设计和分析能力，熟知各项参数设定标准	3. 熟悉CAN、以太网、FOTA、LVDS的相关车辆总线通信知识，具有车辆CANoe、CANalyzer等的测试经验，可进行熟练操作； 4. 能够熟练使用CATIA V5/V6、CAD等三维及二维设计软件
12	系统工程师（系统/模块）	传感器感知融合工程师	从事智能网联汽车传感器感知系统设计和多传感器融合算法研究及实现、多传感器融合的测试及验证、多传感器融合算法的优化等	电气类（光源与照明）、电子信息工程、电子信息类（电子信息工程、光电信息科学与工程）、自动化等相关专业	本科及以上学历	1. 3年以上相关工作经验； 2. 精通C/C++，具备感知知识优先，包括但不限于EKF/UKF、PF等	1. 熟悉至少一种3D视觉系统，如结构光、双目、TOF、激光雷达系统； 2. 熟悉信号处理和信噪比分析； 3. 具有3D视觉模组测试经验，包括结构光、TOF、双目； 4. 熟悉Focal Plane Array (FPA)成像、Read Out Integrated Circuits (ROICs)

续表

序号	岗位族名称	岗位名称	岗位定义	知识 专业	知识 学历	经验	技能
13	系统工程师（系统/模块）	智能驾驶域控制器开发工程师	从事智能驾驶汽车域控制器的设计开发，包括系统功能分析、硬件需求分析和硬件方案设计、软件总体定义等	车辆工程、自动化等相关专业	本科及以上学历	1.5年以上汽车相关经验，2年以上VCU、MCU、BMS软件开发经验；2. 有VCU、MCU、BMS等控制器量产经验者优先；3. 熟练使用飞思卡尔、英飞凌单片机嵌入式设计软件优先	1. 对整车动力底盘域内的架构、系统链、或者关键控制器的直接开发经验，熟练使用Altium Designer、Keil等设计软件；2. 熟悉ADAS实现方案及系统架构；3. 熟悉模拟电路、数字电路、C语言嵌入式编程；4. 熟悉TCP/IP协议和常见Socket编程
14	系统工程师（系统/模块）	射频系统工程师	从事智能网联汽车射频系统的设计开发，调试工作，包括4G、RKE、WIFI、蓝牙、PEPS相关射频电路以及天线设计开发、调试等	电子信息类（电子信息工程、通信工程等）、自动化等相关专业	本科及以上学历	具备2年以上射频开发经验	1. 熟悉相关射频指标要求及常见问题调试，了解模块的生产制造过程；2. 熟练使用PADS、CAM350等硬件开发工具；3. 熟悉相关通信协议规范和射频知识；4. 熟悉CMW500、8960等射频测试仪器的使用

续表

序号	岗位族名称	岗位名称	岗位定义	知识		经验	技能
				专业	学历		
15	系统工程师（系统/模块）	智能终端系统工程师	从事T-Box的设计开发，包括根据需求制定T-Box系统开发计划、设计方案等	车辆工程、计算机类（计算机科学与技术、软件工程等）、自动化、电子信息类（电子信息工程、通信工程等相关专业	本科及以上学历	1. 汽车电器行业3年以上工作经验或T-Box零件2年以上开发经验；2. 熟悉汽车辆电气架构，具有硬件开发经验和整车厂开发经验者优先	1. 熟悉T-Box的相关功能，比如XCALL、远程车控、OTA等，且熟悉车载CAN应用开发，对诊断功能有一定的了解；2. 熟悉Linux平台，熟悉TCP/IP协议，熟悉多线程处理；3. 熟悉汽车开发流程，特别是Telematics和Infotainment系统开发流程；4. 熟悉流程，熟悉嵌入式系统软件开发流程，熟悉单片机C语言编程

续表

序号	岗位族名称	岗位名称	岗位定义	知识		经验	技能
				专业	学历		
16	系统工程师（系统/模块）	云计算平台系统工程师	从事云计算平台开发工作，包括设计研究平台总体框架系统、子系统目标定义、子系统目标分解、核心算法、目标达成等	计算机类（计算机科学与技术、软件工程等）、数学类（数学与应用数学等）等相关专业	本科及以上学历	1. 3年及以上数据分析、挖掘、整合和建模经验； 2. 对于高并发、高可用、高性能、大数据处理有过实际项目经验，了解TR069协议者优先； 3. 熟悉 Layui、EasyUi、jQuery 等前端框架，有浏览器兼容处理经验者优先；	1. 熟悉 Linux 系统，具备 Java、Scala、Python、PHP 等一种或几种语言的开发能力； 2. 熟悉 Hadoop、Spark、Kafka、Hive、HBase、Flume 等大数据相关技术，对源码有研究或有经验者优先； 3. 对 Spring、Spring Boot、Spring MVC、Spring Cloud、Mybatis、Hibernate、Spring Security OAth2.0 等主流开源架构有深入了解与运用，有微服务、分布式应用开发经验； 4. 熟悉 MySQL、MongoDb 等数据库，熟悉 Mqtt、RabbitMQ 消息中间件，熟悉 Redis 等相关缓存技术，熟悉常见的互联网技术； 5. 熟练使用 SVN、Git、Maven、Jenkins、Restful、Rpc 等，熟练使用 Linux 命令

续表

序号	岗位族名称	岗位名称	岗位定义	知识-专业	知识-学历	经验	技能
17	系统工程师（系统/模块）	高精度地图系统架构师	从事高精度地图系统设计工作，包括高精地图自动化生产平台总体架构设计，自动化采集更新流程设计，软件架构设计，产品需求文档编制，编制计划并监控产品设计落地计算地执行等	计算机类（计算机科学与技术、软件工程等）、地理信息系统（GIS）相关专业	硕士及以上学历	1. GIS 或者测绘相关专业硕士及以上学历，从事高精地图研发相关技术工作 3 年以上； 2. 具有丰富的软件架构经验	1. 精通 GIS 专业知识，空间数据处理知识； 2. 熟悉 OpenDriver、NDS、ADASIS 等地图格式； 3. 熟悉高精度地图生产平台的软件架构设计，产品需求文档编制，编制计划并监控产品设计落地执行，全流程管控
18	软件工程师	智能驾驶系统软件工程师	从事智能驾驶工作，包括软件开发工作，包括智能驾驶系统软件及相关接口软件的开发，智能驾驶系统功能软件集成，智能驾驶基础和应用软件开发，系统性能优化，系统软件维护等	电子信息类（电子信息工程、电子科学与技术、通信工程、计算机科学与技术、软件工程等）等相关专业	本科及以上学历	1. 本科以上学历，2 年实际工作经验； 2. 有汽车主机厂大型一级供应商岗位工作经验； 3. 有自动化设备软件开发经验	1. 计算机、自动化及相关专业本科及以上学历，具有 2~3 年以上自动化行业工作开发经验； 2. 精通 C/C++ 程序设计语言，熟悉 VS 开发环境和 MFC 机制，有良好的代码编写风格； 3. 熟悉 OpenCV 或 Halocn 库，会使用常用图像及图像子处理方法

续表

序号	岗位族名称	岗位名称	岗位定义	知识 专业	知识 学历	经验	技能
19	软件工程师	软件架构工程师	从事智能网联相关软件架构设计,包括对软件架构进行系统设计,确定软件层次,定义每层结构层次,定义每层具有的功能和软件之间的接口,软件各层次和各模块的设计、实现,负责应用层与底层软件集成等	车辆工程,计算机类(计算机科学与技术、软件工程等)、电气工程类(电气工程及其自动化)等相关专业	硕士及以上学历	5年以上的汽车智能化产品开发软件行业经验或15年以上架构相关经验(汽车行业)	1. 熟悉汽车电子产品软件开发流程及工具链; 2. 熟悉MBD开发中的MIL、SIL和HIL的具体实现,熟悉汽车电子产品和底盘电子的开发流程; 3. 熟练使用MATLAB、Simulink、Stateflow软件进行算法仿真、设计和验证
20	软件工程师	操作系统工程师	从事智能网联汽车(包含智能座舱)操作系统软件性能开发工作,包括参与智能驾驶操作系统冗余可靠机制及安全管理模块的分析及设计,根据设计方案实现智能驾驶平台MCU和SoC基础软件及应用软件的开发等	电气工程类(电气工程及其自动化)、机械类(机械工程等)、车辆工程、电子信息类(电子信息工程、电子科学与技术、通信工程等)、计算机类(计算机科学与技术、软件工程等)等相关专业	本科及以上学历	5年及以上嵌入式开发经验,3年及以上C/C++及Java语言编程经验,有良好的编程风格	1. 精通C/C++语言; 2. 精通一种操作系统,如VxWorks、QNX、FreeRTOS或Linux; 3. 熟悉Android系统架构,对Android Framework启动、通信及运行机制和JNI有比较深刻的理解

续表

序号	岗位族名称	岗位名称	岗位定义	知识		经验	技能
				专业	学历		
21	软件工程师	环境感知软件工程师	从事智能网联汽车环境感知软件开发工作,包括基于毫米波雷达、激光雷达、图像、RTK 的数据融合,无人驾驶软件的开发、测试和集成,毫米波雷达点云 PCL 处理和图像采集,神经网络训练、样本标签、移植等	计算机类(计算机科学与技术、软件工程等)、数学类(数学、统计学)等相关专业	本科及以上学历	1. 拥有图像识别相关行业的软件开发经验,从业经历不少于 3 年; 2. 以技术未负责人的身份,拥有图像识别相关产品开发经验者优先; 3. 拥有使用神经网络搭建识别的项目经历; 4. 熟练掌握 C/C++、C#等编程语言之一	1. 具备无人驾驶环境感知各种应用场景的理解能力; 2. 精通 C++11、OpenCV、PCL、Makefile 工程开发; 3. 熟悉 Ubuntu 系统,有 ROS、Autoware、Apollo 等开源无人驾驶框架的开发经验者优先,熟悉 Mobieye 系列产品的应用开发; 4. 熟悉多传感器标定和数据处理流程,熟悉 Kitti 数据集、Yolo 算法应用等; 5. 熟悉 Bayesian/KF/EFK 算法应用,具有导航多传感器融合的项目开发经验,精通场景语义分割、地面滤波算法、Cluster 算法、ROI 算法、检测、跟踪、特征提取、识别算法,关联匹配算法; 6. 在实际产品中有障碍物检测、道路语义分割、车道线检测、可通行区域、交通标志检测、道路边缘和隔离带检测算法开发实现经验

续表

序号	岗位族名称	岗位名称	岗位定义	知识		经验	技能
				专业	学历		
22	软件工程师	点云数据处理工程师	从事毫米波数据处理工作，包括毫米波雷达信号处理和数据处理部分的算法设计、实现与验证，点云成像算法的研究，利用毫米波雷达点云数据进行FREESPACE检测等	计算机类（计算机科学与技术、软件工程等）、数学类（数学、统计学）等相关专业	本科及以上学历	1. 本科及以上学历，5年以上工作经验； 2. 有较好的C/C++编程经验，熟悉PCL库，熟悉常用的数据结构与算法	1. 有较好的C/C++编程经验，熟悉PCL库，熟悉常用的数据结构与算法； 2. 熟悉激光点云去噪滤波、分割、配准、特征提取等激光点云算法开发经验，具有点云特征、分割、配准、特征提取等激光点云算法开发经验； 3. 有高精度定位、机器人、SLAM算法经验者优先； 4. 具有良好的英文文献阅读能力； 5. 有深厚的深度学习基础，熟悉目标检测、目标追踪、视觉定位等方向，熟练掌握Caffe、Torch、TensorFlow等深度学习平台的一种或多种应用； 6. 熟练掌握MATLAB，能够对雷达数据处理算法进行仿真验证； 7. 具有扎实的数学功底和较强的算法实现能力，熟练掌握VC++/C#.net，进行Windows下的应用软件开发

续表

序号	岗位族名称	岗位名称	岗位定义	知识		经验	技能
				专业	学历		
23	软件工程师	图像及视频数据处理工程师	从事智能驾驶感知图像及视频数据处理工作，包括智能驾驶系统图像及视频数据处理软件开发，参与感知系统深度学习架构开发、精简、优化，机器视觉算法研究与工程实现等	机器视觉技术、计算机图像处理、光学物理等相关专业	本科以上学历	1. 掌握C/C++、Python语言算法实现；2. 掌握ARM平台算法布置、优化；3. 数学基础（矩阵运算、随机过程、微积分）良好；4. 熟悉相机成像原理、相机选型系统设计（单目、双目等）相机标定；5. 掌握ISP/3A基础，具有ISP bring-up/tuning经验；6. 具备图像处理算法基础；7. 了解计算机视觉相关算法（图像分割、运动估计、深度估计等）	1. 具备相关行业经验，如有3D图像处理软件开发工作经验、软硬件系统构建和3D图像处理经验；2. 熟悉或精通计算机视觉图像处理理论、系统、算法及架构，2年以上C/C++/C#程序设计和系统开发经验；3. 深入了解深度学习算法，有深度学习项目经验，对TensorFlow、Keras、Pytorch等深度学习框架有一定的理解

续表

序号	岗位族名称	岗位名称	岗位定义	知识-专业	知识-学历	经验	技能
24	软件工程师	智能驾驶功能开发工程师	从事智能网联汽车ADAS功能开发工作，包括ADAS功能（AEB、ACC、LDW、LKS、ELK、TJAICA、HWA、TJP、HWP等）的开发、视觉或雷达相关功能的开发，协助相关工程师完成达功能的测试验证、分析测试匹配工程师完成实车的验证匹配等	电子信息类（电子信息工程、电子科学与技术、通信工程、计算机科学与技术、软件工程等）等相关专业	本科及以上学历	1. 本科以上学历，2年实际工作经验；2. 有汽车主机厂、大型一级供应商岗位工作经验者优先；3. 对Linux系统有基本了解，熟悉Vector等工具的操作；4. 熟悉MBD开发流程，了解底盘线控、ECU、汽车底层的通信接口者优先	1. 具备AEB、ACC、LDW、LKS、ELK、TJAICA、HWA、TJP、HWP等一个或多个ADAS功能的工程开发经验；2. 对AEB、ACC、LDW、LKS、ELK、TJAICA、HWA、TJP、HWP中一个或多个功能的功能软件非常熟悉；3. 熟悉EPS或ESC/EMS的基本控制要求；4. 具备一个以上量产工程项目的开发经验
25	软件工程师	嵌入式软件工程师	从事嵌入式软件开发工作，包括车载设备系统MCU软件需求分析、定义，根据部门业务需求开发相关嵌入式软件等	电子信息类（电子信息工程、电子科学与技术、通信工程、计算机科学与技术、软件工程等）等相关专业	本科及以上学历	1. 3年以上Linux嵌入式平台下软件开发经验；2. 有32960协议或808协议开发经验者优先；3. 有通信模块开发调试经验者优先	1. 精通C语言，了解C++语言，熟练掌握常用数据结构和算法；2. 熟悉Linux系统、网络编程、多线程编程，对操作系统有较深理解；3. 对面向对象编程有较深的理解，注重代码的高内聚低耦合设计及可靠性；4. 熟悉CAN总线协议及CAN网络管理协议

续表

序号	岗位族名称	岗位名称	岗位定义	知识		经验	技能
				专业	学历		
26	软件工程师	基础软件工程师	基于汽车常用软件架构从事软件开发相关工作，包括软件代码的编写、基础软件模块的开发等	电子信息类（电子信息工程、电子科学与技术、通信工程等）、计算机类（计算机科学与技术、软件工程等）等相关专业	本科及以上学历	有汽车电子相关软件研发经验	1. 精通 C/C++、Python 等编程语言，有车规级芯片（Freescale/NXP、Infineon、GPU、FPGA、DSP、Renesas 等）的软件开发经验； 2. 能看懂电路原理图，熟练掌握相关测试和诊断工具，如 VT System、CANoe、CAN-Scope 等； 3. 熟悉单片机或嵌入式系统，对相关软硬件有一定了解

续表

序号	岗位族名称	岗位名称	岗位定义	知识		经验	技能
				专业	学历		
27	软件工程师	App开发工程师（功能应用软件）	从事智能网联汽车功能应用App软件开发工作，包括智能驾驶相关App模块的开发实现，框架设计，按需求实现各类表设计文档定义，配合测试，进行功能模块测试，App的代码优化和稳定性能维护等	电子信息类（电子信息工程技术、电子科学与技术、通信工程与技术、计算机科学与技术、软件工程等）等相关专业	本科及以上学历	1. 对前端组件化和模块化有深入的理解和实践，并能灵活运用相关的设计模式；2. 具有良好的沟通能力和团队协作能力，具备一定的架构设计能力，具有敏锐的抽象和封装意识；3. 熟练使用Git操作，有GitHub、原生App、iOS相关开源项目经验	1. 熟练掌握Flutter、React-Native、iOS、Android等任意一种移动端开发技术，能够使用Flutter进行跨平台的移动端开发；2. 有实际至少2年的Flutter或React-Native移动端开发经验；3. 掌握Flutter或React Native、JavaScript、HTML、CSS、es6/7规范
28	软件工程师	大数据平台开发工程师	从事智能网联汽车大数据平台软件开发工作，包括负责智能驾驶大数据模块开发及相关功能实现并优化；负责智能驾驶数据标注与处理流程的可视化工具开发等	计算机类（计算机科学与技术、软件工程等）、数学类（数学、统计学）等相关专业	本科及以上学历	1. 1.5年以上数据开发经验；2. 有较好的SQL性能调优经验；3. 有分布式数据库、分布式存储等架构设计经验者优先	1. 熟练使用SQL语言，掌握Oracle、DB2、GP、MySQL等至少一种数据库（RDBMS或MPP）的使用；2. 熟悉ETL模型设计与实现，熟练使用至少一种开源或者商业ETL工具；3. 精通Java、Python、Scala一种精通Linux环境，至少一种

续表

序号	岗位族名称	岗位名称	岗位定义	知识		经验	技能
				专业	学历		
28	软件工程师	大数据平台开发工程师	从事智能网联汽车大数据平台软件开发工作,包括智能驾驶大数据系统相关模块开发及相关功能实现并优化;负责智能驾驶数据标注与处理流程的可视化工具开发等	计算机类(计算机科学与技术、软件工程等)、数学类(数学、统计学)等相关专业	本科及以上学历	1.5年以上数据开发经验; 2.有较好的SQL性能调优经验; 3.具有分布式数据库、分布式存储经验者优先	开发语言;具备深厚的分布式系统或数据库系统的理论基础,熟悉分布式计算系统的工作机制; 4. 熟悉 Hadoop、MapReduce、Spark、Flink、Hbase、ElasticSearch、Solr、Kudu、Impala、Docker、K8S 等一种或多种框架,并了解原理架构;有望环科技大数据平台数据工程师、开发工程师、数据分析师、AI工程师认证书者优先;或者有 Cloudera CCA Administrator、CCA Spark and Hadoop Developer、CCA Data Analyst 认证证书者优先; 5. 熟悉 TensorFlow、MXNet、Caffe、Torch 等科学计算框架,熟悉机器学习和人工智能建模方法者优先; 6. 具备良好的数据平台POT、POC能力者优先

续表

序号	岗位族名称	岗位名称	岗位定义	知识		经验	技能
				专业	学历		
29	软件工程师	云平台开发工程师	1. 负责运维平台的设计与研发工作，构建云时代的运维平台；2. 设计及开发自动化大规模云平台管理系统（含变更、容量等子系统，监控，故障，提升云平台的可用性和运维效率）；3. 和运维合作，实现平台对云的可用性管理，如变更、故障、容量等方向的自动化平台化工作	计算机类（计算机科学与技术、软件工程等）、数学类（数学、统计学）等相关专业	本科及以上学历	1. 3年及以上数据分析、挖掘、整合基础模型建设经验，有扎实的编程能力；2. 有微服务、分布式应用架构开发经验	1. 熟悉Linux系统，具备Java、Scala、Python、PHP等一种或几种语言的开发能力；2. 熟悉大数据相关技术Hadoop、Spark、Kafka、Hive、HBase、Flume等主流应用；3. 对Spring、Spring Boot、Spring MVC、Spring Cloud、Mybatis、Hibernate、Spring Security OAth2.0等主流开源架构有深入了解；4. 熟悉数据库MySQL、MongoDb等数据中间件，熟悉RabbitMQ消息中间件，熟悉Redis等相关缓存技术，熟悉常见的互联网技术
30	软件工程师	人工智能软件工程师	从事智能网联汽车人工智能软件开发工作，包括人工智能软件系统总体方案设计、系统层、应用层软件架构定义、系统测试方案制定、智能驾驶相关AI产品开发、代码配置管理、移植以及整合、软件系统需求分解和集成调试组织等	计算机类（计算机科学与技术、软件工程等）、电子信息类（电子信息工程、电子科学与技术、通信工程等）相关专业	本科及以上学历	1. 3年以上工作经验；2. 具有一定的英文读写能力，具备较好的快速学习和掌握新知识的能力；3. 有监督和无监督机器学习算法和现代人工神经网络经验，如CNN、RNN、LSTM或GAN4，拥有深度学习开发或工程架的经验	1. 精通Python、GO、R、Scala、LISP、JavaScript或Java中的至少一种编程语言；2. 熟悉图像分析（计算机视觉）、机器学习、深度学习、自然语言处理、大规模分布式计算

续表

序号	岗位族名称	岗位名称	岗位定义	知识 专业	知识 学历	经验	技能
31	软件工程师	信息安全软件工程师	从事智能网联汽车信息安全软件开发工作，包括：参与信息安全需求分析，配合架构部门设计MCU的信息安全框架；参与核心方案和技术的开发，测试及维护；参与信息安全方案架构和实现原理设计，配合软件实现功能；负责车端 CAN、CAN-FD、SOME/IP 协议安全通信开发工作，CP信息安全启动和安全升级等	计算机类（计算机科学与技术、软件工程等）、电子信息类（电子信息工程、通信工程等）等相关专业	本科及以上学历	1. 1.5年以上相关工作经验；2. 了解信息安全体系标准，对信息安全体系和安全风险评估有较全面的认识；3. 熟悉各种路由器、防火墙、数据交换机、负载均衡等网络设备的选型、部署、维护、安全防范	1. 具有 CISP、CISSP、CI-SA 等级保护测评师、PMP 相关证书优先；2. 精通常用的网络协议 TCP/IP 和 HTTP，对防火墙、IDS、IPS、蜜罐、DDOS、VPN、认证等安全产品原理及整体处理机制产品有深入认识，对这些主流产品能够进行配置和使用
32	软件工程师	地图导航软件工程师	从事智能网联汽车地图导航软件开发工作，包括负责驾驶汽车多传感器融合定位模块的设计、开发、调试，负责实现基于GPS、IMU、里程计、Lidar、高…	计算机类（计算机科学与技术、软件工程等）、数学类（数学、统计学）、地理信息系统等相关专业	本科以上学历	1. 具有机器人或智能驾驶车辆多数据融合算法开发经验；2. QNX、Linux、ROS 等嵌入式操作系统开发经验至少3年	1. 精通 C/C++，具有良好的编程规范；2. 熟悉卡尔曼滤波、离子滤波等数据融合算法，熟悉 SLAM 定位算法；

续表

序号	岗位族名称	岗位名称	岗位定义	知识		经验	技能
				专业	学历		
32	软件工程师	地图导航软件工程师	精度地图等数据融合的高精度定位程序开发,负责实现基于高精度地图的车道级路径规划程序代码,负责与智能驾驶汽车其他模块联合调试,实现智能驾驶功能等	计算机类(计算机科学与技术、软件工程等)、数学类(数学、统计学)、地理信息系统等相关专业	本科以上学历	1. 具有机器人或智能驾驶车辆多数据融合定位算法开发经验; 2. QNX、Linux、ROS等嵌入式操作系统开发经验至少3年	3. 熟悉Dijkstra、A*、双A*等路径规划算法; 4. 具有量产ADAS功能开发经验或智能驾驶开发经验; 5. 了解ADASIS、Open-DRIVE等高精度地图格式
33	软件工程师	高精度定位开发工程师	从事智能网联汽车高精度定位系统开发工作,包括手智能驾驶感知系统视觉定标定和定位、三维重建、构建环境3D精密模型,实现高精度视觉定位,针对智能驾驶视觉平台对算法进行深入优化等	计算机图像处理、电子信息工程、通信工程等相关专业	本科以上学历	1. 本科及以上学历,熟悉C/C++或Java等语言及编译技术,具备Shell、Python等脚本开发能力,有软件持续集成岗位开发经验	1. 掌握视觉SLAM导航相关理论知识,熟悉视觉SLAM主流方法; 2. 对计算机视觉中的多视几何方向有深入的理解; 3. 熟悉ADAS、三维重建、点云匹配; 4. 熟悉ROS、OpenCV、Ceres Solver、PCL等开源软件; 5. 了解智能驾驶基于GNSS、IMU、激光雷达、视觉等多传感器融合的高精度定位技术方案,至少精通其中一个方向的定位技术方案

续表

序号	岗位族名称	岗位名称	岗位定义	知识-专业	知识-学历	经验	技能
34	硬件工程师	智能驾驶硬件集成工程师	从事智能网联汽车硬件集成工作，包括产品电路设计、PCB布局原理图设计、研发、测试、元器件评审、认证、提供测试方案、审核BOM制作、相关软件驱动、协助产品硬件文档编写等	电子信息类（电子信息工程、通信工程、自动化、车辆工程等相关专业）	本科及以上学历	1.1年以上工作经验；2.从事行业相关驾驶基础知识经验积累	1.熟悉电子电路基础知识，常用数字电路和模拟电路，熟悉各种电路设计仿真软件，能独立完成电路设计仿真和PCB布线，熟练使用常用仪器设备；2.较强的沟通能力，可与其他专业人员一起解决问题
35	硬件工程师	激光雷达硬件工程师	从事激光雷达硬件相关设计方案工作，包括硬件原理图和PCB设计，关键器件调研，需求件风险评估（如硬件功能、散热、串扰、电磁兼容性），激光雷达核心硬件电路设计，原有硬件提升设计，制定激光雷达测试方案、核心电路测试及硬件测试等	雷达、电子信息类（电子信息工程、通信工程等）相关专业	本科及以上学历	1.有单片机和FPGA软件开发经验；2.有光电探测信号处理经验；3.有高速电路布线经验	1.精通高速数字电路、模拟电路基础理论知识；2.能熟练应用EDA软件绘制特定功能的数字和模拟电路原理图，FPGA信号片机控制电路；3.熟练掌握多层PCB的布线，熟悉常用的电路器件，总线接口以及接插件，熟悉PCB制板的器件选型采购以及PCB制板焊接等生产流程

续表

序号	岗位族名称	岗位名称	岗位定义	知识		经验	技能
				专业	学历		
36	硬件工程师	毫米波雷达硬件工程师（天线、芯片）	从事智能网联汽车毫米波雷达硬件研发调试工作，包括毫米波雷达芯片选型、整体硬件方案设计、原理图设计、PCB设计、电路计算与硬件仿真与测试等，软件仿真与硬件系统集成的PCB板级信号调试、验证、故障分析与整改工作，辐射干扰、传导干扰、静电放电敏感度等电磁兼容测试。参与雷达产品投产、测试，以及相应调试工作等	雷达、电子信息类（电子信息工程、通信工程等）相关专业	本科及以上学历	本科及以上学历，雷达、电子、通信相关专业，3年以上工作经验，至少具有一个雷达完整的研发经历	1. 精通雷达系统及基本原理，熟悉雷达的软硬件产品架构； 2. 熟悉雷达信号处理算法，熟练使用MATLAB或Systemvue进行雷达系统仿真； 3. 使用过ARM Cortex-3/4及A9 Power Architecture架构，使用过RTOS； 4. 具有利用过自带外设完成AD数据采集、数据预处理、频谱分析、通信的能力

续表

序号	岗位族名称	岗位名称	岗位定义	知识		经验	技能
				专业	学历		
37	硬件工程师	影像传感器芯片工程师	从事智能网联汽车影像传感器芯片研发工作，包括图像传感器产品测试，像素优化工作，基于芯片测试需求，设计和搭建传感器的测试系统，独立执行测试，输出测试报告等	电子信息类（电子信息工程、通信工程等）、计算机类（计算机科学与技术、软件工程等）等相关专业	本科及以上学历	1. 本科及以上学历； 2. 2 年以上相关经验	1. 熟悉 Camera Sensor 相关技术，了解 Sensor 上下电及其工作原理，了解 OTP 基本概念，有 Sensor Driver 经验； 2. 熟悉高通平台的 Camera 架构； 3. 熟练掌握高通 TuningTool，熟悉 Camera 调试流程和 ISP 工作原理，有实际项目开发经验； 4. 熟悉 3A、Shading、Gamma、CCM 的基本原理，熟悉光学成像流程，有 HDR、多帧合成等后处理调试优化经验； 5. 熟悉或了解 AE/AWB/AF 基本算法流程，有深入研究 3A 算法者，有实际 AF 调试经验

续表

序号	岗位族名称	岗位名称	岗位定义	知识		经验	技能
				专业	学历		
38	硬件工程师	域控制器硬件工程师	从事智能网联汽车L2～L4级智能驾驶域控制器架构设计和需求开发工作，包括域控制器硬件单板及可靠性测试工作，功能安全设计工作，生产导人工作，并编制项目研究报告和技术要求的发布	电子信息类（电子信息工程，通信工程等），自动化，微电子，计算机类（计算机科学与技术，软件工程等）等相关专业	本科及以上学历	1. 汽车电子控制器硬件开发工作4年以上； 2. 1年以上的ADAS域控制器硬件开发经验	1. 了解控制器硬件架构设计，ARM或Intel核的嵌入式开发； 2. 掌握系统架构设计、元器件选择、原理图、电路仿真，并熟悉汽车电子标准和法规； 3. 熟悉智能驾驶域控制器平台，如PX2、Renesas、NXP、TI、高通、Intel、AMBA等； 4. 拥有车载以太网硬件开发经验； 5. 熟悉功能安全汽车电子硬件开发流程ISO16949； 6. 熟练使用硬件开发工具Altium Designer或Cadence； 7. 熟练使用硬件仿真软件Multisim等

续表

序号	岗位族名称	岗位名称	岗位定义	知识		经验	技能
				专业	学历		
39	硬件工程师	计算芯片工程师	从事面向智能驾驶方向的车用SoC、CPU、GPU、MCU及FPGA芯片的设计和集成工作，包括芯片的性能分析、芯片方案的成本分析、芯片的功耗分析、芯片的稳定性认证/失效分析并配合软件工程师调试，解决相关硬件问题以及硬件电路的试验验证、硬件优化及跟踪，落实以及相关文档的编写并归档	自动化、计算机类（软件工程）、电子信息类等相关专业	本科及以上学历	1. 5年以上智能驾驶方向集成电路设计开发工作经验；2. 有半导体专业、集成电路技术和产品背景	1. 具有扎实的模电、数电理论基础，熟悉静态时序分析、EDA工具（仿真验证等），熟悉SoC芯片产品软硬件开发流程，具备ASIC、SoC微架构设计经验，精通SoC芯片的低功耗设计；2. 具有车载模块硬件平台的开发经验，掌握基于DSP、FPGA、CPU、NPU和基带通信芯片的技术方案；熟悉ASIL B/D功能安全设计和网络安全设计。3. 熟悉ARM系列和CPU系统架构；精通Hyperviosr和各类芯片性能分析，有多年芯片行业或关键Tier1负责智驾芯片设计经验者优先；4. 能建立基于工具链开发的相关工具；5. 对新技术敏锐，具备独立钻研、探索的能力

续表

序号	岗位族名称	岗位名称	岗位定义	知识		经验	技能
				专业	学历		
40	硬件工程师	GNSS硬件工程师	从事智能网联汽车定位系统GNSS硬件开发工作，包括独立完成单板开发、原理图设计、Layout设计、GNSS系统方案设计、可靠性设计，独立完成板级调试，配合完成底层驱动编写，对硬件和嵌入式的故障进行排查等	计算机类（计算机科学与技术、软件工程等）、电子信息类（电子信息工程、通信工程）、信号与信息处理、自动化等专业	硕士及以上学历	3年以上相关工作经验	1. 学过模拟电子技术基础、数字电子技术基础、C语言程序设计、信号与系统、数字信号处理等课程； 2. 掌握模拟电路设计、数字电路设计，掌握DCDC电源设计，掌握信号仪器的应用，示波器、频谱仪、对射频电路设计有了解； 3. 熟练运用FPGA、DSP、ARM等处理器，具有Verilog/C语言编程经验； 4. 熟悉国军标/国标试验环境，应力试验，EMC试验标准，熟悉各项环境试验流程； 5. 独立完成底层驱动编写，配合完成底板级调试，配合完成硬件和嵌入式的故障排查

续表

序号	岗位族名称	岗位名称	岗位定义	知识		经验	技能
				专业	学历		
41	硬件工程师	IMU硬件工程师	从事智能驾驶方向的惯性组合导航模块硬件开发及测试工作，包括GNSS/INS组合导航算法中关键技术的攻关	测量测绘、电子信息类（通信工程）、信号与信息处理、自动化、数学等相关专业	本科及以上学历	有单片机，如STM32、DSP等开发经验，精通单片机软硬件设计	1. 精通惯性导航、组合导航原理、自动控制原理、MEMS加速度和陀螺的工作原理；熟悉Altium Designer软件进行电路原理图设计及PCB设计； 2. 精通掌握EKF、UKF等相关算法； 3. 熟练使用C/C++语言进行程序编写及调试，理解数字电路、模拟电路和信号与系统
42	算法工程师	感知融合算法工程师	从事智能驾驶系统多传感器融合的相关算法设计，包括视觉目标、毫米波雷达、激光雷达等传感器目标融合算法研发应用工作	计算机类（计算机科学与技术、软件工程）、数学类（数学与应用数学）等相关专业	硕士及以上学历	1. 5年以上雷达系统、激光雷达、摄像机、GPS/IMU和多传感器融合开发经验； 2. 了解不同传感器模型感知原理，具有不同级别的传感器建模和融合的经验； 3. 熟悉汽车及汽车电子商品化开发流程	1. 精通常见多传感器融合算法，熟练掌握滤波算法（Kalman滤波、粒子滤波、贝叶斯理论等），有毫米波雷达、摄像头融合算法开发经验者优先； 2. 精通C/C++语言、Python，熟悉Linux、Windows环境使用C++、Java、MATLAB或类似编程语言开发的经验； 3. 了解汽车CAN总线相关知识

续表

序号	岗位族名称	岗位名称	岗位定义	知识		经验	技能
				专业	学历		
43	算法工程师	视觉感知算法工程师（机器视觉）	从事智能驾驶相关的视觉算法的研究，包括视觉感知算法的研发、优化和工程化落地，以及算法量产落地	计算机类（计算机科学与技术、软件工程等）、电子信息类（电子信息工程、通信工程等）、自动化、数学类（数学与应用数学）等相关专业	硕士及以上学历，博士优先	1. 在点云检测、分割、识别去噪、配准、场景建模与语义理解等方面有相关实践经验； 2. 具有实时智能驾驶、机器人系统开发搭建与性能优化经验； 3. 精通 Caffe、MxNet、Tensorflow、Cuda－convnet、Torch 等一种深度学习开源框架者优先	1. 熟悉 C/C++ 程序开发，具有良好的编程习惯； 2. 深入理解卡尔曼滤波、粒子滤波、贝叶斯相关理论、最优化等相关理论，熟悉图像处理（分类、分割等）、视频分析算法； 3. 具有良好的3D立体视觉或机器学习的数学基础，良好深度学习算法的数学和深度学习算法的研发工作； 4. 理解车载 LiDAR 数据，具有良好的点云几何处理与深度学习理论基础，在深度学习、统计计算机视觉和最优化方法等方面有较深入的研究

续表

序号	岗位族名称	岗位名称	岗位定义	知识 专业	知识 学历	经验	技能
43	算法工程师	视觉感知算法工程师（机器视觉）	从事智能驾驶相关的视觉算法的研究、研发，优化和工程化落地，以及算法量产落地	计算机类（计算机科学与技术、软件工程等）、电子信息类（电子信息工程、通信工程等）、自动化、数学类（数学与应用数学）等相关专业	硕士及以上学历，博士优先		5. 熟悉物体（行人、车辆、人脸）检测、跟踪与识别算法，了解物体（行人、车辆、OCR、通用目标）检测、分类、识别，图像理解，图像质量评估和增强，具有视频分析等前沿技术研发经验；6. 熟悉 CNN、RCNN、FRCNN、Boost、SVM 中至少一种，并且有实战经验
44	算法工程师	决策与路径规划算法工程师	从事智能驾驶车辆规划决策算法相关工作，包括决策规划、路径规划、运动规划、车辆动态控制等相关算法的设计研发等	控制科学与工程、计算机类（计算机科学与技术等）等相关专业	本科及以上学历	3 年以上机器人、无人驾驶相关开发经验	1. 熟悉决策规划、路径规划、运动规划、车辆动态控制相关算法，例如 A*、D*、RRT 等；2. 了解机器人决策系统，如决策状态机、决策树、专家系统、POMDP 等；3. 具有在 Linux 系统下开发经验，掌握 C++、Python 等开发语言；4. 熟悉智能驾驶控制算法开发，代码的规划单元测试、算法发布等

续表

序号	岗位族名称	岗位名称	岗位定义	知识		经验	技能
				专业	学历		
45	算法工程师	控制算法工程师	从事ADAS控制系统（L3级以上）功能及算法的开发、系统测试和验证工作	车辆工程、自动化等相关专业	本科及以上学历	1.5年以上汽车相关经验,2年以上车辆控制算法开发经验；2. 有AEB、ACC、LKA、TJA等ADAS功能量产经验者优先	1. 熟悉ADAS相关核心技术,掌握车辆控制算法的基本原理并具备实现嵌入式开发的能力与能力；2. 熟悉MATLAB、Simulink、C/C++、Dspace、Carmaker、CarSim等开发工具和环境
46	算法工程师	V2X算法工程师	从事智能网联汽车V2X算法研发工作,包括:根据智能驾驶系统的需求对V2X系统需求分析、功能设计和协议栈软件、V2X应用算法开发;V2X与智能驾驶的融合应用算法开发;跟踪国内外V2X相关标准制定	控制科学与工程、自动化、数学类（数学与应用数学）、计算机科学与技术、软件工程等相关专业	本科及以上学历	1. 本科电子、自动化、车辆工程、交通工程相关专业毕业；2. 熟悉车联网以及智能交通行业；3. 自动化、交通工程、车辆工程相关专业,研究领域涉及自动车辆控制原理、微观交通流动力学、交通观控制,有相关研究经验者优先	1. 了解DSRC、LTE-V、4G/5G、WiFi等无线通信技术中至少一种；2. 精通MATLAB、C/C++,有Linux实际编程经验；熟悉TCP/IP协议,CAN总线协议；3. 有车联网、智能驾驶、车路协同等方面相关知识和经验背景者优先

续表

序号	岗位族名称	岗位名称	岗位定义	知识 专业	知识 学历	经验	技能
47	算法工程师	数据挖掘工程师	从事大数据平台的数据分析工作，包括开发分析模型及相关算法，运用数据分析工具进行深度分析指向型数据挖掘，提出业务洞察、优化策略，数据决策并指导设计改进	电子信息类（电子信息工程等）、计算机类（软件工程等）、数学类（数学与应用数学、统计学）等相关专业	本科及以上学历	1. 1年以上相关工作经验，具有大数据分析开发经验者优先；2. 要求熟悉汽车，熟悉车联网、ADAS等相关功能	1. 具备需求分析及文档化能力，掌握至少一种原型绘制工具；2. 熟悉SQL语言，熟练使用MySQL、Oracle、MangoDB等数据库，熟悉Python的使用，包括不限于使用Excel、VBA、SQL、Hadoop、Spark、R、SPSS等
48	算法工程师	人工智能算法工程师（深度学习、强化学习等）	从事智能网联汽车人工智能算法开发工作，包括：利用人工智能算法进行图像处理，并将算法应用到智能驾驶场景中；利用开源深度学习软件，如Tensorflow、Caffe等构建深度学习系统解决实际问题；解决智能驾驶图像识别、目标识别、车辆检测等具体问题；算法轻量化，对算法模型裁剪、量化、压缩等	计算机类（计算机科学与技术、软件工程、信息安全等）、电子信息类（通信工程）等相关专业	本科及以上学历	1. 3年以上人工智能深度学习产品开发经验；2. 具有对AI相关算法和模型进行通用代码优化，针对特定的计算平台（CPU/AI芯片/边缘计算设备）进行高性能计算加速及工程优化的经验；3. 具有AI功能的开发和软硬结合产品的经验和能力	1. 扎实的数学、计算机、模式识别、人工智能等相关专业基础；2. 精通机器学习的各种方法；3. 掌握国内国际的在人工智能方面的最新理论和技术动态，至少精通一种以上流行的深度学习框架，如Tensorflow、PyTorch、CNTK、Theano、Caffe等

续表

序号	岗位族名称	岗位名称	岗位定义	知识		经验	技能
				专业	学历		
48	算法工程师	人工智能算法工程师（深度学习、强化学习等）	从事智能网联汽车人工智能算法开发工作，包括：利用人工智能算法进行图像处理，并将算法应用到智能驾驶场景中；利用开源深度学习软件，如 Tensorflow、Caffe 等构建深度学习系统；解决实际问题，目标识别、车辆检测、智能驾驶图像检测等具体问题；对算法轻量化，量化、压缩、剪裁等	计算机类（计算机科学与技术、软件工程、信息安全等）、电子信息类（通信工程）等相关专业	本科及以上学历	1. 3 年以上人工智能深度学习产品开发经验； 2. 具有对 AI 相关算法和模型进行通用代码优化，针对特定的计算平台（CPU/AI 芯片/边缘计算设备）进行高性能计算加速及工程化的经验； 3. 具有 AI 功能结合产品的功能开发和迭代化的能力	4. 精通深度学习神经网络的主要网络及模型结构，如 CNN、RNN、LSTM、ResNet 等； 5. 熟悉深度学习神经网络的超级参数调优方法和过程； 6. 非常熟练地使用 MAT-LAB、Python、C\C++、GPU、FPGA 等平台和工具进行机器学习的算法研发
49	算法工程师	信息安全算法工程师	从事智能网联汽车信息安全算法开发工作，包括完善智能网联系统与信息安全防护体系，负责整体安全算法研发、实施、优化，信息系统的渗透测试和漏洞挖掘，安全事件预警与应急响应等	计算机类（计算机科学与技术、软件工程、信息安全等）、电子信息类（通信工程）等相关专业	本科及以上学历	1. 3 年以上相关工作经验； 2. 具有根据内外部安全漏洞、数据泄露信息、情报等安全数据进行应急处置、影响范围评定、攻击溯源等分析处理的经验和能力； 3. 具有等级咨询、风险评估、安全加固、应急响应等技术支持的经验	1. 至少熟悉一门编程语言（Python、PHP、Go、Java 等），能够实现对漏洞的扫描验证； 2. 熟悉 Elastic Search、Redis 等关系型或 NoSQL 数据库； 3. 有前端开发经验，能够实现对数据分析结果的展现

续表

序号	岗位族名称	岗位名称	岗位定义	知识 专业	知识 学历	经验	技能
50	算法工程师	地图/定位算法工程师（SLAM/IMU）	从事智能驾驶研究工作，包括基于LiDAR的高精度地图/定位算法生产、质量控制、验证，高精地图应用开发以及高精地图的研发和工程化实现，大规模高精地图数据采集、生产、验证、更新，调试等完整的工具链开发	计算机类（计算机科学与技术、软件工程等）、电子信息类（电子信息工程、通信工程等）、自动化等相关专业	硕士及以上学历	1.5年以上软件开发经验，3年以上地图/定位算法开发经验；2. SLAM、VSLAM相关研发经验	1. 精通C++/C、Python；2. 使用多传感器（Lidar、Camera等）开发高精度地图，实现高精度定位，有能力使用视觉设计定位算法。3. 了解视觉车道检测算法，并可以使用视觉定位，帮助视觉车道检测反馈优化的方向
51	算法工程师	定位融合算法工程师	从事智能网联汽车定位融合算法研究，包括智能驾驶汽车激光/视觉SLAM算法的研发工作等	控制科学与工程、自动化、数学、计算机科学与技术、软件工程等（计算机类相关专业）	本科以上学历	1. 在智能驾驶系统研发方面具备3年以上相关工作经验；2. 掌握姿态计算、扩展Kalman滤波、粒子滤波、融合滤波等；3. 掌握Camera、Radar、Lidar等传感器特性及应用，具有基于视觉或雷达特征定位算法经验者优先	1. 熟悉视觉定位算法、视觉姿态解算法、俯视视图转换算法、视觉测距算法、特征匹配GNSS/INS定位。2. 精通C/C++开发，熟练使用OpenCV，熟悉Linux环境；3. 掌握MATLAB、Simulink等；

续表

序号	岗位族名称	岗位名称	岗位定义	知识		经验	技能
				专业	学历		
51	算法工程师	定位融合算法工程师	从事智能网联汽车定位融合算法研究，包括智能驾驶汽车激光/视觉 SLAM 算法等的研发工作等	控制科学与工程、自动化、数学与应用数学、计算机类（计算机科学与技术、软件工程等）等相关专业	本科以上学历	1. 在智能驾驶系统研发方面具备 3 年以上相关工作经验； 2. 掌握姿态计算、扩展 Kalman 滤波、粒子滤波、融合滤波等； 3. 掌握 Camera、Radar、Lidar 等传感器特性及应用，具有基于视觉或雷达检测定位算法经验者优先	4. 有较强的算法实现能力，精通 VO、ORB-SLAM、LSD-SLAM 或 VINS 等算法框架者优先； 5. 了解视觉里程计算法、基于轮速视觉的里程计算法、IMU 相关算法，精通 IMU 及 GNSS 等传感器特性及应用； 6. 了解视觉算法，并可以使用视觉定位、算法帮助视觉车道检测的车道辅助视觉定位，以此为导向为视觉车道检测反馈优化的方向； 7. 了解高精地图，有能力使用高精地图设计定位的工作； 8. 熟悉各传感器的工作原理； 9. 熟悉传统图像处理算法，包括角点提取，摄像头标定、摄像头与激光等其他传感器的标定

续表

序号	岗位族名称	岗位名称	岗位定义	知识（专业）	知识（学历）	经验	技能
52	算法工程师	导航算法工程师	从事智能驾驶导航算法研发工作，包括智能驾驶车辆定位导航算法的开发和测试，多种组合定位算法融合的实现，与其他各模块的工程师协同完成系统集成和调试工作	测量测绘、卫星导航、计算机类、数学类等相关专业	硕士及以上学历	1. 熟悉经典和现代控制理论，同时对现代控制理论有了解；2. 3年以上工作经验，能够阅读和理解英文期刊与论文；3. 熟悉GPS与INS导航原理与各种滤波算法；4. 精通用于控制系统仿真、数据分析、数学建模等领域的相关软件；5. 精通C/C++语言编程；6. 熟悉陀螺仪、惯性导航产品运动模型	1. 熟悉GPS、BD、GLO-NASS卫星导航系统信号体制；2. 精通GNSS定位原理，解算最小二乘的PVT解算等原理解算法流程；4. 具备事后视觉、超声滤波等经验；5. 熟悉基于视觉、超声波、陀螺仪等多传感器融合的导航算法
53	测试工程师	系统测试工程师	从事智能网联汽车系统的测试工作，包括根据需求明确测试范围，设计测试用例并跟进测试执行，根据测试分析结果向项目提供技术性能改进方面的建议	电子信息类（电子信息工程、通信工程等）、机械类（机械工程、机械电子工程等）、自动化、车辆工程等相关专业	本科及以上学历	1. 3年以上ADAS HIL测试系统或2年以上ADAS系统测试经验；2. 有dSPACE、NI、ETAS、Vector HIL系统开发及测试经验者优先	1. 熟悉MIL、SIL、HIL测试理论和测试方法，具有丰富的MIL、SIL、HIL测试环境搭建经验，熟悉ASPICE流程；2. 熟练掌握C++、Python、Java、SheLL等编程语言；3. 精通数据结构、多线程编程，熟悉设计模式

续表

序号	岗位族名称	岗位名称	岗位定义	知识		经验	技能
				专业	学历		
54	测试工程师	系统仿真工程师	从事智能网联汽车相关系统的虚拟仿真及台架测试工作	电子信息类（电子信息工程、通信工程等）、机械类（机械工程、机械电子工程等）、车辆工程等相关专业	本科及以上学历	1. 3~5 年以上工作经验，1年以上仿真工作经验；2. 了解嵌入式原理和流程，具有汽车嵌入式软件开发或测试经验者优先	1. 熟练使用 Hyperlynx 仿真工具；2. 熟悉 5G、C-V2X、LTE 等测试标准者优先，可阅读相关英文测试标准及英文资料者优先
55	测试工程师	传感器测试工程师	从事智能驾驶工作，包括传感器测试工作，动态分析、静态测试及对接供应商，算法组及产品组完成智能驾驶传感器配置方案；负责传感器系统的集成度设计、多方案、多传感器同步方案，多传感器联合标定等	车辆工程、控制科学与工程、计算机等相关专业	本科及以上学历	具有 1 年以上 ADAS 测试相关工作经验	1. 熟悉 ADAS 测试设备原理及使用，包括 ABD 机器人、RT、Vbox、假车假人目标物、汽车雷达、汽车激光传感器等产品工作原理及其性能指标；2. 熟悉整车 CAN 网络环境，并熟练使用 CANoe 及 CAPL 编程。3. 熟悉 ADAS 周边控制器的原理或标定，包括 ESP、EMS、EPS 等，或熟悉 Python、MATLAB 等脚本语言的使用

续表

序号	岗位族名称	岗位名称	岗位定义	知识		经验	技能
				专业	学历		
56	测试工程师	智能驾驶测试工程师	从事ADAS产品及系统测试工作，如AEB、ACC、FCW、LDW、LKA等；根据ADAS系统需求及相关文档制定测试计划，测试用例及搭建测试场景，编写测试方案、试用例及搭建测试环境，执行测试，根据测试结果提交测试报告等	车辆工程、电气类（电机电器智能化）、计算机类（计算机科学与技术、软件工程等）相关专业	本科及以上学历	1. 有汽车系统、整车测试验证法规标准等相关经验； 2. 有ADAS相关项目开发经验	1. 了解当前智能驾驶ADAS相关功能； 2. 了解整车电子电器系统及架构，对摄像头、雷达等环境感知传感器有应用经验； 3. 熟悉相关测试设备和测试机器人等实车测试设备； 4. 熟悉相关数据采集工具，比如CANoe、惯导、测试机器人等实车测试设备； 5. 熟悉相关脚本编程能力（如MATLAB、Python）和相关基础知识； 6. 了解汽车行业智能驾驶相关法规
57	测试工程师	V2X软件测试工程师	从事V2X软件测试工作，包括进行V2X场景的台架测试和实车测试，4G/5G/WIFI/GPS/以太网模块的测试，根据项目节点，配合软件开发工程师完成模块测试及发记录的模块测试及记录，编写测试用例和记录测试环境，进行汽车电子模块的单元测试，集成测试，功能测试等	计算机类（计算机科学与技术、软件工程等）、电子信息类（电子信息工程等）、自动化等相关专业	本科及以上学历	1. 自动化、通信、计算机、软件等相关专业，本科及其以上学历，有2年以上V2X开发测试经验者优先； 2. 熟练掌握V2X协议栈和通信脚本开发经验； 3. 熟练使用各种电子测试仪器	1. 熟练掌握LTE-V技术、熟悉汽车电器系统、精通车载总线通信知识、网关路由通信知识、智能交通及V2x通信知识、掌握CANoe的使用； 2. 使用过各种电子测试仪器，包括示波器、信号发生器、频谱分析仪、网络分析仪等

续表

序号	岗位族名称	岗位名称	岗位定义	知识		经验	技能
				专业	学历		
58	测试工程师	智能算法测试工程师	从事智能算法测试工作，包括智能算法相关任务的方案论证、算法设计和模型训练、深度学习模型测试、算法优化和更新迭代，智能算法和模型跨平台移植、封装和运行等	车辆工程，计算机类（计算机科学与技术），电子信息类（通信工程），机械类（机械电子工程等），控制科学与工程等相关专业	本科及以上学历	1. 2 年以上测试经验； 2. 具有追踪研究最新的 Web 安全技术、三方软件和基础设施安全漏洞等的经验； 3. 从事过智能算法的开发工作，或具有相关经验	1. 熟练使用 Python 和 Opencv，能够开展数据清洗工作； 2. 具有 C++ 开发经验，可以编写测试程序； 3. 具有良好的数学基础； 4. 掌握国内国际的最新人工智能方面的最新理论和技术动态，至少精通一种以上流行的深度学习框架，如 Tensorflow、PyTorch、CNTK、Theano、Caffe 等； 5. 精通深度学习神经网络的主要模型结构，如 CNN、RNN、LSTM、ResNNet 等

续表

序号	岗位族名称	岗位名称	岗位定义	知识		经验	技能
				专业	学历		
59	测试工程师	信息安全测试工程师	从事智能驾驶信息安全测试工作,包括:车载信息安全测试工作,涉及E2E测试、SecOC测试、信息安全渗透测试等;研究车载信息安全相关标准、指导信息安全规范和测试规范体系;用例开发、测试实施工作等	车辆工程、计算机科学与技术(计算机类)、电子信息类(通信工程)、机械类(机械电子工程)、控制科学与工程等工程相关专业	本科及以上学历	1. 2年以上测试经验; 2. 具有对网络、系统进行渗透测试、代码审计、安全评估和安全加固的经验; 3. 具有在出现网络攻击或提供应急服务和值守保障的经验	1. 具有等级保护测评师、CISSP、CISA、ISO 27001等网络安全从业资质证书2种以上; 2. 搭建各类渗透测试的软硬件环境,并熟练运用各种手段对整车和核心零部件实施有效渗透; 3. 熟悉漏洞扫描、渗透测试工具,常见漏洞挖掘和利用,有过独立漏洞挖掘的经验; 4. 熟悉车载软件,具备逆向分析与调试工具,具备逆向分析能力; 5. 熟悉车载网络和通信协议; 6. 具备一定的开发能力,熟悉C/C++、Python、Perl、Ruby等一种语言; 7. 具有良好的团队合作精神、专业素养和沟通能力

续表

序号	岗位族名称	岗位名称	岗位定义	知识		经验	技能
				专业	学历		
60	测试工程师	功能安全测试工程师	从事智能网联汽车功能安全测试相关工作,包括制定功能安全测试计划、详细可实施的功能安全测试实施体系、功能安全测试策略,搭建测试用例,搭建测试台架,执行测试,并反馈测试报告,支持功能安全内外部审计的实施等	车辆工程、电子电器、计算机类等相关专业	本科及以上学历	1. 多年的汽车电子软件、硬件开发经验或测试设计开发经验; 2. 具备3年以上的功能安全开发、测试经验,有功能安全核及评估经验	1. 熟悉汽车基础知识与构造,E/E系统工作原理; 2. 精通ISO 26262、AS-PICE等规范,深刻理解汽车功能安全流程和技术要求; 3. 熟悉软硬件设计、熟练使用FMEA、FMEDA、FTA等工具,了解软硬件的测试和实验方法; 4. 具备一定的经验,有较好的嵌入式产品研发系统知识,具备基础软件开发能力,了解AutoSAR
61	测试工程师	预期功能安全测试工程师	从事智能网联汽车预期功能安全测试相关工作,包括预期功能安全详细设计用例,搭建预期功能安全测试场景与测试用例,搭建预期功能安全测试台架并执行测试,执行测试报告,支持预期功能安全内外部审计的实施等	车辆工程、电子电器、计算机类等相关专业	本科及以上学历	1. 多年的汽车电子软件、硬件开发经验或测试设计开发经验; 2. 具备3年以上的功能安全开发、测试经验,有功能安全核及评估经验	1. 精通ISO PAS 21448等规范; 2. 精通ISO 26262、AS-PICE等规范,深刻理解汽车功能安全流程和技术要求; 3. 精通SIL、HIL、MIL在环测试; 4. 熟悉先进驾驶辅助系统ADAS技术、市场发展趋势,AEB、ACC、LKA、TJA、TJP等ADAS功能及功能局限性

续表

序号	岗位族名称	岗位名称	岗位定义	知识		经验	技能
				专业	学历		
62	测试工程师	定位与导航系统测试工程师	从事智能网联汽车定位与导航系统测试工作,包括车端和基站端组合导航系统选型、部署标定和测试,负责定位导航系统的数据解析、车辆轨迹推算算法、导航定位融合算法测试等	测绘、计算机类、数学、通信工程、地理信息系统等相关专业	本科及以上学历	1. 2年及以上工作经验; 2. 有实际机器人/无人车领域定位、导航相关项目经验; 3. 熟练使用主流组合导航系统	1. 熟悉卫星导航、差分定位、惯性导航等基础原理,熟练使用主流组合导航系统,掌握移动物体轨迹推算相关的算法; 2. 熟悉Linux系统,精通C语言编程,熟悉ROS; 3. 有扎实的数学基础,熟悉Kalman滤波方法、Mento Carlo方法、粒子滤波算法、State Estimation、Sensor Fusion等算法有深刻理解; 4. 熟悉开源的激光SLAM框架,如Gmapping、Cartographer、Loam等; 5. 具备良好的团队协作能力,能够独立思考,善于创新,针对问题提出有效解决方案

续表

序号	岗位族名称	岗位名称	岗位定义	知识		经验	技能
				专业	学历		
63	测试工程师	标准及法规验证工程师	从事智能网联汽车相关法规标准动态搜集整理、跟踪、预研,参与相关标准研讨及制定以及根据标准进行试验验证工作	车辆工程、电子信息类(计算机科学与技术、通信工程)、机械类(机械电子工程等)、控制科学与工程等相关专业	本科及以上学历	具有汽车行业标准研究或法规验证1年以上工作经验	1. 逻辑清晰,有扎实的中文写作功底,具备撰写各类项目报告和综合性文字材料的能力; 2. 优秀的沟通、协调能力和推动力,能够处理好不同部门之间产生的工作异议; 3. 熟悉汽车(ICV领域)行业标准、国家标准和国际标准情况

四、紧缺人才需求目录

序号	岗位族名称	岗位(群)名称	职业分类	岗位(群)职责	岗位任职资格标准	主要学科专业来源	紧缺度(五星为最紧缺)
1	系统工程师(整车)	智能驾驶系统架构工程师	汽车工程师	1. 智能驾驶系统正向分析、设计与验证,确保诸如NPG、ACC、LCC、AP、APA、AEB、LSS、FCW、BSM等智能驾驶功能安全、稳定运行;	1. 本科及以上学历; 2. 6年及以上汽车相关系统开发工作经验,3年及以上ADAS或智能驾驶系统设计及开发经验,具备系统架构设计能力;	车辆工程、电子信息类、自动化等相关专业	★★★★

续表

序号	岗位族名称	岗位(群)名称	职业分类	岗位(群)职责	岗位任职资格标准	主要学科专业来源	紧缺度（五星为最紧缺）
1	系统工程师（整车）	智能驾驶系统架构工程师	汽车工程师	2. 智能驾驶域控制器开发，以及与整车电子电气架构的匹配以及软硬件交互；3. 智能驾驶系统以及交互终端传感器、执行器验证，统筹传感分析与验证，避免整体系统设计缺陷；4. 协助推进智能驾驶产品的规划、方案、选型的评估以及优化工作	3. 熟悉ADAS工作原理、法规要求、开发流程和标准，如AutoSAR、ISO 26262；4. 熟悉转向系统、制动系统、超声波雷达、摄像头等执行部件的工作原理、功能、性能、毫米波雷达、总线和诊断设计开发，具备整控需求分析和管控标定、能力；5. 良好的沟通与协调能力，较强的归纳、统计、分析和判断力，文档规范编写能力	车辆工程、电子信息类、自动化等相关专业	★★★★
2	系统工程师（整车）	智能座舱系统架构工程师	汽车工程师	1. 负责智能座舱产品的策划、前瞻研究、技术方案制定、系统架构设计等；2. 负责架构和系统架构的关键技术和产品架构评估和带领团队实现相关技术架构；3. 指导和带领技术团队攻克技术难关、完成技术开发任务	1. 本科以上学历，5年以上汽车多媒体开发经验，并有成功产品开发案例，或4年以上主机厂相关工作经验，熟悉汽车电子产品，熟悉智能座舱硬件平台架构及工作原理；2. 拥有大型整车厂及Tier1系统工程师经验者优先；3. 精通Java、C或C++等编程语言，熟悉嵌入式软件设计，熟悉模式、熟悉汽车电子系统架构，熟悉掌握软件架构、车载ECU、MCU、MPU硬件软件架构；4. 参与或主导过智能座舱系统开发或汽车控汽车软件产品或车载娱乐系统、仪表系统、音效系统、视觉系统2个以上项目开发，有过嵌入式硬件和软件的开发审经验，能够根据系统需求进行系统设计和软件模块开发、实现能力、优化等工作；5. 具有互联网创新精神和创新思维，精准把握用户需求	车辆工程、微电子学、计算机科学与技术、软件工程等）、电子信息类（电子信息工程、通信工程等）、自动化等相关专业	★★★

续表

序号	岗位族名称	岗位(群)名称	职业分类	岗位(群)职责	岗位任职资格标准	主要学科专业来源	紧缺度（五星为最紧缺）
3	系统工程师（整车）	环境感知架构工程师	汽车工程师	1. 负责智能驾驶感知模块框架的设计、开发及算法验证； 2. 负责相关设计文档及测试代码的编写； 3. 跟踪国内外最新的研究成果，并实现和应用于实际项目	1. 在视觉感知领域至少3年以上工作经验，有前向视觉感知、侧向视觉感知、鱼眼视觉感知等功能开发经验； 2. 了解市场主流优化芯片（TDA Xavier），有相关嵌入式优化经验者优先； 3. 精通Linux/QNX系统下的C、C++编程，有良好的代码风格； 4. 精通Python，掌握一种嵌入式优化语言（CUDA、DSP、NEON等）； 5. 熟悉智能驾驶感知算法Pipeline框架及算法开发，有DAG（有向无环图）开发和应用经验者优先； 6. 熟悉图像或三维点云中的目标检测、识别、跟踪等感知算法，有实际的开发经验者优先； 7. 熟悉深度学习算法（CNN、RNN等）和框架（Tensorflow、Pytorch、Caffe、MXNet等），有大规模数据处理经验者优先	电子信息类（电子信息工程、通信工程等）、电气工程及其自动化、仪器类（仪器科学与技术等）、自动化、车辆工程等相关专业、计算机类	★★★★
4	系统工程师（整车）	电子电气架构工程师	汽车工程师	1. 根据整车功能定义、法规和设计目标功能定义； 2. 根据混动系统功能定义，完成混动系统功能需求及分配； 3. 根据混动各系统功能需求定义，完成混动系统总线及硬线信号规划； 4. 与各系统功能定义及功能开发方案确认； 5. 与混动部各系统功能工程师扑平台方案确认； 6. 与电子电气接口完成混动系统低压电气接口及整车匹配设计	1. 本科及以上学历； 2. 2年以上电子电气架构工作经验，熟悉车机、车联网等关键系统设计，有车联网开发经验者优先； 3. 对整车电子电气系统安全、信息安全、电源分配及管理等相关业界技术水平都有深入了解； 4. 熟悉整车电子电气相关法规知识、熟悉电子电气架构开发流程； 5. 熟悉车网络架构和各种车载通信协议； 6. 具备分析、架构技术趋势智能驾驶、智能互联等新型技术关键系统的技术需求及系统设计能力	电子信息类（电子信息工程、通信工程等）、电气工程及其自动化、车辆工程等相关专业	★★★★

续表

序号	岗位族名称	岗位(群)名称	职业分类	岗位(群)职责	岗位任职资格标准	主要学科专业来源	紧缺度(五星为最紧缺)
5	系统工程师(整车)	车联网系统工程师	汽车工程师	负责公司内部ADAS相关算法的预研、实现、调优以及产品化,主要包括: 1. 负责FCW、LKA等ADAS相关功能控制策略和控制算法的研发与优化; 2. 负责基于车辆动力学的运动控制技术方案的设计、实施与验证; 3. 配合其他工程师完成测试工作; 4. 负责ADAS相关软件技术的前期追踪和研究	1. 硕士及以上学历,有智能交通、车联网、智能网联汽车、车路协同等领域2年以上工作经验; 2. 理解智能网联汽车V2X相关场景开发,并能够进行V2X场景功能开发,熟悉国内外主流V2X技术路线及相关标准; 3. 熟悉DSRC、LTE-V、4G、5G等无线通信技术至少一种,具有无线通信产品、GPS产品等射频产品开发调试经验; 4. 熟悉车路协同的整体架构和相关体系一同的产品架构设计和体系搭建能力	电子信息类(电子信息工程、通信工程等)、计算机类(计算机科学与技术、软件工程等)、电气类(电气工程及其自动化等)相关专业	★★★★
6	系统工程师(整车)	大数据平台架构师	汽车工程师	1. 负责大数据平台框架规划设计、搭建、优化和运维; 2. 负责架构持续设计优化及关键模块的设计开发,协助团队解决开发过程中的技术难题; 3. 负责大数据相关新技术的调研,关注大数据技术发展趋势,研究开源技术,将新技术应用到大数据平台,推动数据平台发展	1. 从事车联网通信及大数据领域工作2年以上,熟悉车联网综合应用、技术原理、数据挖掘方向经验者优先; 2. 具有通信数据分析、数据模型设计方法论等; 3. 熟悉Linux系统环境,对车联网通信及应用场景有深入理解; 4. 了解Cloudera Manager大数据架构,了解CDH、HDFS、Hive、HBase、Impala、Spark、Storm、YARN Hadoop相关工具; 5. 了解Hive、Hbase、HDFS基本操作,熟练掌握Oracle、MySQL数据库的操作,熟悉PL/SQL语言	计算机工程(软件工程等)、电子信息工程(通信工程等)等专业相关	★★★★

续表

序号	岗位族名称	岗位(群)名称	职业分类	岗位(群)职责	岗位任职资格标准	主要学科专业来源	紧缺度（五星为最紧缺）
7	系统工程师（整车）	云平台架构工程师	汽车工程师	1. 调研跟进云计算、物联网IOT等ICT技术发展，分析智能网联汽车环境下的应用场景，解决方案和技术路线； 2. 参与智能网联汽车信息系统架构设计，分布式数据计算、工业互联网等信息技术在智能网联服务和智能交通系统中的应用方案，设计系统计算、数据架构和基础功能架构； 3. 结合信息系统架构设计开展新产品架构相关POC预研； 4. 负责信息系统规划、设计和电子技术研究，满足电子系统应用需求	1. 硕士研究生或以上学历； 2. 3年以上云平台、物联网、协同控制系统等相关工作经验； 3. 熟悉边缘计算、ROS系统、物联网IOT技术架构和安全渗透	计算机类相关专业	★★★★

序号	岗位族名称	岗位(群)名称	职业分类	岗位(群)职责	岗位任职资格标准	主要学科专业来源	紧缺度(五星为最紧缺)
8	系统工程师(整车)	智能网联系统安全工程师(信息安全、功能安全、预期功能安全)	汽车工程师	1. 负责智能网联系统的相关安全需求与安全目标制定; 2. 负责智能网联系统的相关安全需求的分析、设计、评价等安全工作; 3. 负责在产品全生命周期内对产品的系统安全需求进行支持,确保系统安全需求实现; 4. 负责系统安全相关文档输出	1. 5年以上汽车相关工作经验,2年以上主机厂或一级供应商系统安全相关的设计项目经验; 2. 熟悉汽车电子电气系统架构及嵌入式系统,熟悉汽车电子产品开发流程和规范,熟悉Linux、AUTOSAR等常用车载操作系统底层安全知识; 3. 熟悉ISO 26262、GB/T 34590、ISO PAS 21448等标准,熟练掌握FEMA、FTA和HAZOP等各种功能安全分析及验证方法; 4. 熟悉智能网联系统路径规划、行为预测、决策算法,了解智能网联系统架构,了解STMAP、STPA、HAZOP等预期功能安全分析方案; 5. 熟练掌握主要信息安全分析手法及防护方法;熟练掌握常见的漏洞扫描、网络攻击手法及防护方法;熟悉车载网络安全实践,如加密芯片、安全启动、ARM TrustZone、总线(如CAN、ETH)与网络(TCP/IP、HTTPS)加密通信、防火墙、车载IDPS等; 6. 有汽车主动安全产品开发经验者优先; 7. 拥有很强的自学能力和团队合作能力; 8. 拥有熟练的英文文档阅读写能力; 9. 良好的技术文档编写能力	计算机类、电子信息类、自动化、电气工程类、车辆相关专业	★★★★

续表

序号	岗位族名称	岗位（群）名称	职业分类	岗位（群）职责	岗位任职资格标准	主要学科专业来源	紧缺度（五星为最紧缺）
9	系统工程师（系统/模块）	ADAS系统工程师（ACC、AEB等）	汽车工程师	1. 负责ADAS产品系统分析与控制策略设计工作； 2. 负责文档、负责系统设计开发，负责系统DFMEA编写； 3. 负责与ADAS系统供应商进行技术交流，了解最新行业技术动态，了解ADAS技术的规划； 4. 负责ADAS功能创新和路线和产品开发； 5. 负责对公司内部产品的ADAS产品和竞品进行测评、路试等	1. 5年以上汽车相关工作经验，2年以上汽车先进驾驶辅助系统产品开发经验； 2. 熟悉汽车产品开发流程，熟悉底盘系统设计、EPS、ESC、ABS、EBS等底盘系统标校； 3. 有智能驾驶系统的架构设计、智能驾驶系统控制算法开发，智慧交通架构设计经验； 4. 了解汽车横纵向及制动控制，了解车辆底盘控制、车身动力学与运动学； 5. 熟悉AEB、ACC、LKA、TJA等ADAS功能开发经验者优先；具备系统匹配计算能力，了解系统主观评价方法； 6. 有系统匹配计算能力，了解系统主观评价方法； 7. 熟练使用MATLAB等软件； 8. 熟悉ADAS相关核心技术，掌握车辆控制算法的基本原理并具备实现能力与人工智能、智能汽车等领域上的能力； 9. 熟悉机器人、无人机、人工智能、智能汽车等领域上的应用； 10. 熟悉ADAS法规及标准、EU-NCAP、C-NCAP； 11. 熟悉车用雷达、摄像头等驾驶辅助系统产品特性	自动化、车辆工程、计算机类（计算机科学与技术、软件工程）等相关专业	★★★★

续表

序号	岗位族名称	岗位(群)名称	职业分类	岗位(群)职责	岗位任职资格标准	主要学科专业来源	紧缺度(五星为最紧缺)
10	系统工程师(系统/模块)	线控底盘系统工程师(EPS、ESC等)	汽车工程师	1. 负责线控底盘系统的开发与测试评价; 2. 负责线控底盘系统实验台架的建设; 3. 负责线控底盘系统开发流程体系建设	1. 本科及以上学历; 2. 本科8年、硕士5年及以上,从事底盘相关系统开发(有转向系统开发经验者优先); 3. 熟悉整车构造、汽车理论及设计知识,熟悉汽车四大工艺,熟悉机加、材料等基本专业知识; 4. 熟悉设计开发流程,熟悉底盘系统设计等; 5. 具备系统匹配计算能力及了解底盘系统主观评价方法; 6. 熟悉系统设计开发流程,熟悉底盘系统设计,熟悉EPS、ESC、ABS、EBS等底盘系统标校; 7. 有2~3个乘用车底盘系统开发经验(有电动转向系统开发经验者优先); 8. 熟练使用MATLAB等软件; 9. 有底盘相关系统控制策略实际开发经验	车辆工程、自动化、控制科学与工程等相关专业	★★★★
11	系统工程师(系统/模块)	人机交互工程师	汽车工程师	负责制定智能互联系统(包括HUD、仪表和中控等的协同交互)的交互规范,根据功能定义完成交互设计,与相关业务链团队进行跨职能合作,不断优化产品体验	1. 3年或以上软件开发工作经验; 2. 具备触控领域等产品开发经验; 3. 具备产品设计和分析能力,熟知各领域产品的设计和各项参数设定标准,能够明确掌握视觉仿真分析等产品的发展趋势; 4. 具备视觉领域开发经验,熟知车内乘员检测雷达等的技术方案; 5. 掌握视觉平台(行车记录仪、智能识别、抬头显示、流媒体后视镜、显示屏、车内雷达等)各项先进技术的工作原理,熟悉汽车通信与交互的技术方案; 6. 熟悉CAN、以太网、FOTA、LVDS的相关车辆总线通信知识,具有车辆CANoe、CANalyzer等的测试经验,可进行三维及二维设计; 7. 能够熟练使用CATIA V5/V6、CAD等三维及二维设计软件	计算机类相关专业	★★★

续表

序号	岗位族名称	岗位（群）名称	职业分类	岗位（群）职责	岗位任职资格标准	主要学科专业来源	紧缺度（五星为最紧缺）
12	系统工程师（系统/模块）	EPS功能开发工程师	汽车工程师	1. 依据功能安全开发计划需求，编制公司功能安全文化、流程、过程开发技术文档，并协助产品认证、第三方流程认证和搭建功能安全领导小组； 2. 根据ADAS等功能对EPS的需求进行HARA分析，确定FSC、TSC等； 3. 负责转换整车需求，与供应商进行技术交流，对供应商进行功能安全评估	1. 熟练应用ISO 26262标准，熟练掌握相关的法律法规； 2. 熟练使用各种功能安全分析和验证方法，如FMEA、FTA等； 3. 具有6年以上的EPS功能安全相关工作经验	自动化类、电子信息类、车辆工程、计算机类等相关专业	★★★★
13	系统工程师（系统/模块）	智能驾驶域控制器开发工程师	汽车工程师	1. 负责智能驾驶架构产品的发展趋势及需求调研分析、系统定义； 2. 负责架构产品平台方案选型（芯片、硬件架构、软件架构、关键指标）、设计文档编写和系统集成； 3. 负责架构产品方案分析（成本、重量、结构、性能、可扩展性等），对产品把控，同题的技术评审和解决，满足整车开发节点产品交付； 4. 负责架构产品开发计划、方案进行评估与优化。	1. 本科以上学历，5年以上汽车相关经验，2年以上VCU、MCU、BMS软件开发经验；在关键Tier1负责ADAS域或底盘域产品或ADAS零部件开发者优先； 2. 对整车动力、底盘域内的控制器有深入理解，如系统架构、系统方案、开发流程及工具链，或者关键控制器的直接开发经验；熟练使用Altium Designer、Keil等设计软件，软硬件开发的方案设计、系统方案，熟练使用飞思卡尔、英飞凌单片机嵌入式设计及开发者优先； 3. 掌握功能方案、系统方案、ADAS实现方案及系统架构； 4. 熟研ADAS经验； 5. 熟悉TCP/IP协议和常见Socket编程者优先	车辆工程、自动化等相关专业	★★

续表

序号	岗位族名称	岗位（群）名称	职业分类	岗位（群）职责	岗位任职资格标准	主要学科专业来源	紧缺度（五星为最紧缺）
14	系统工程师（系统/模块）	V2X软件部署工程师	汽车工程师	1. 负责车路云协同智能道路系统侧传感器配置选型、路系统路侧传感器分布、车路通信RSU的需求调研分析、产品规划、系统架构设计及产品设计定义； 2. 负责车路云协同智能道路系统边缘云计算系统的需求调研分析、产品规划、系统架构设计及产品设计定义； 3. 负责道路相关规划设计、智能交通系统、道路流交通、道路拓扑结构、道路等级进行场地、道路及道路周边环境的选型、场地及路线规划设计、方案制定、场地、道路招标、监控管理、验收实施技术认证，确保满足整体解决方案的业务、产品、技术需求； 4. 负责上述业务场景结合需求调研分析、与业务场景整体解决方案的车路云整体目标需求	1. 本科及以上学历； 2. 具有3年及以上车联网、互联网类产品设计及管理经验，熟悉互联网产品的迭代方式，具备良好的产品架构和体系能力，至少有2年车路协同测试场景规划、智慧出行、智能交通、智能驾驶、智能网联协同测试场景规划等领域相关工作经验； 3. 产品与业务结合、产品落地，有强烈的用户价值意识； 4. 熟悉智能交通、车路协同、智能出行相关解决方案及产品业务需求，功能需求，熟练掌握解决方案文档撰写、系统、PRD文档文档输出能力； 5. 了解车端智能驾驶系统基础架构，了解车端与路端、车端与云端的通信方式	车辆工程、交通工程、计算机类等相关专业	★★★★

续表

序号	岗位族名称	岗位(群)名称	职业分类	岗位(群)职责	岗位任职资格标准	主要学科专业来源	紧缺度（五星为最紧缺）
14	系统工程师（系统/模块）	V2X软件部署工程师	汽车工程师	5. 负责上述车辆端系统的产品方案、产品形态、产品特性、产品功能、产品架构设计及相关文档； 6. 负责产品支撑，与内外部部门、合作伙伴、项目经理、开发、测试等干系方合作，实现程支撑保证产品开发阶段的进度和质量，完成产品验收，推动产品上线		车辆工程、交通工程、计算机类等相关专业	★★★★★
15	系统工程师（系统/模块）	射频系统工程师	汽车工程师	1. 负责射频部分的方案论证、系统设计及分解； 2. 负责射频电路设计、仿真、调试及相关测试工作； 3. 负责射频信号处理方面的新技术跟踪，定期提出具体的技术发展建议，参与射频信号处理方面的专项技术攻关工作	1. 本科及以上学历，具备2年以上射频开发经验； 2. 具备扎实的电磁场与微波理论、微波技术、天线设计原理相关知识，并熟知设计流程； 3. 熟悉射频相关指标要求及常见问题调试，了解模块的生产制造过程； 4. 熟练使用PADS、CAM350等硬件开发工具； 5. 熟悉相关通信协议规范和射频知识； 6. 熟悉CMW500、8960等射频测试仪器的使用	电子信息类（电子信息工程、通信工程等）、自动化、控制科学与工程等相关专业	★★★

续表

序号	岗位族名称	岗位(群)名称	职业分类	岗位(群)职责	岗位任职资格标准	主要学科专业来源	紧缺度（五星为最紧缺）
16	系统工程师（系统/模块）	云计算平台系统工程师	汽车工程师	1. 负责运维平台的设计与研发工作，构建云时代的运维平台； 2. 设计及开发大规模云平台的自动化管理系统（含变更/故障/监控/容量等子系统），提升云平台的可用性和运维效率； 3. 和运维合作，实现平台对云的可用性管理，容量保障，监控，如变更、故障、容量等方向的自动化与平台化工作	1. 3年及以上数据分析、挖掘、整合和建模经验，计算机基础扎实，了解常见网络协议（TCP/IP、Http等），扎实的编程能力； 2. 熟悉Linux系统，具备Java、Scala、Python、PHP等一种或几种语言的开发能力； 3. 熟悉Hadoop、Spark、Kafka、Hive、HBase、Flume等大数据相关技术，对源码有研究或者有经验者优先； 4. 对Spring、Spring Boot、Spring MVC、Spring Cloud、Mybatis、Hibernate、Spring Security OAth2.0等主流开源架构有深入了解与运用，有微服务、分布式应用开发经验； 5. 熟悉 MySQL、MongoDb 等数据库，熟悉 Mqt、RabbitMQ消息中间件，熟悉Redis等相关缓存技术，熟悉常见的互联网技术； 6. 熟练使用 SVN、Git、Maven、Jenkins、Restful、Rpc 等，熟练使用Linux命令； 7. 对于高并发、高可用、高性能大数据处理有过实际项目产品经验，了解TR069协议者优先	计算机科学与技术、软件工程等）、数学与应用数学等相关专业	★★★★

续表

序号	岗位族名称	岗位(群)名称	职业分类	岗位(群)职责	岗位任职资格标准	主要学科专业来源	紧缺度（五星为最紧缺）
17	软件工程师	软件架构工程师	汽车工程师	1. 负责需求分析、架构设计及编码实现基于智能座舱系统的视觉相关功能； 2. 与功能定义工程师一起，对功能需求进行分析评审； 3. 根据功能需求，设计功能的整体架构并对接口进行定义； 4. 根据架构实现功能的文档，编码实现相应功能； 5. 对整个功能的质量负责，参与集成和问题分析解决	1. 硕士及以上学历； 2. 5年以上汽车智能化产品开发经验或15年以上软件行业经验，10年以上架构相关开发经验（汽车行业）； 3. 熟悉汽车电子产品软件开发中的MIL、SIL和HIL的具体实现，熟悉汽车电子产品的开发流程和底盘电子开发流程及工具链； 4. 熟练使用MATLAB、Simulink、Stateflow软件进行算法仿真、设计和验证	车辆工程、计算机类（计算机科学与技术、软件工程等）、电气工程（电气工程及其自动化）等相关专业	★★★★
18	软件工程师	操作系统工程师	汽车工程师	1. 负责基于POSIX操作系统（Linux、QNX etc.）下嵌入式硬件的底层驱动开发和调试； 2. 负责基于POSIX操作系统的测试验证程序开发； 3. 与硬件、测试等部门一起进行产品的验证、测试和调试； 4. 编写功能文档、设计文档	1. 本科及以上学历； 2. 5年及以上嵌入式开发经验，3年及以上C/C++及Java语言编程经验，有良好的编程风格； 3. 精通一种操作系统，如VxWorks、QNX、FreeRTOS或Linux； 4. 熟悉Android系统架构，对Android Framework层启动、通信及运行机制和JNI有比较深刻的理解	电气工程类（电气工程及其自动化、机械类（机械电子工程等）、车辆工程、电子信息类（电子科学与技术、通信工程等）、计算机类（计算机科学与技术、软件工程等）等专业	★★

续表

序号	岗位族名称	岗位(群)名称	职业分类	岗位(群)职责	岗位任职资格标准	主要学科专业来源	紧缺度(五星为最紧缺)
19	软件工程师	环境感知软件工程师	汽车工程师	1. 负责智能驾驶感知软件的开发、调试和集成; 2. 负责处理和图像采集、样本标签、神经网络训练、移植等工作	1. 拥有图像识别相关行业的软件开发从业经历不少于3年; 2. 以技术负责人的身份，拥有图像识别相关产品开发经验者优先; 3. 拥有使用OpenCV搭建神经网络实现图像识别的项目经历; 4. 熟练掌握C/C++/C#等编程语言之一; 5. 英语六级及以上水平，具备阅读和理解英文技术资料的能力; 6. 熟练的无人驾驶环境感知各种应用场景的理解能力; 7. 精通C++11、OpenCV、PCL、Makefile工程开发; 8. 熟悉Ubuntu系统，有ROS、Autoware、Apollo等开源无人驾驶框架的开发经验者优先，熟悉Mobieye系列产品的应用开发; 9. 熟悉多传感器应用等; 10. 熟练Yolo算法应用，熟悉Bayesian、KF、EFK算法应用，精通场景语义分割算法、地面滤波算法、Cluster算法、ROI算法、精通标志检测、跟踪、特征提取、识别算法，精通关联匹配算法; 11. 在实际产品中有障碍物检测、道路语义分割、车道线检测、可通行区域、交通标志检测、道路边缘和隔离带检测算法开发实践经验者优先	计算机科学与技术、软件工程等（数学、统计学）等相关专业	★★★★

续表

序号	岗位族名称	岗位(群)名称	职业分类	岗位(群)职责	岗位任职资格标准	主要学科专业来源	紧缺度（五星为最紧缺）
20	软件工程师	图像及视频处理工程师	汽车工程师	1. 负责模式识别、图像视频分析处理、机器学习、算法、计算机视觉等前沿基础性研究，引导计算机进行产业相关的先进性技术探索； 2. 负责学术成果产出、创新技术成果内外部落地	1. 博士学历； 2. 至少3年以上国内外知名科技公司或高校工作经验； 3. 较好的科研研发能力，图像视频分析基础和实践能力，具备扎实的模式识别、图像视频处理、图像视频理解、机器视觉、三维重建等方面的理论基础和实践能力，在这些领域有丰富的技术积累和研究经验，有突出的成果产出； 4. 有带团队经验或项目负责人经验，参与过世界顶级人工智能相关学术会议、发表过期刊论文，世界顶级人工智能相关竞赛获奖者优先	计算机类相关专业	★★★
21	软件工程师	EPS软件应用工程师	汽车工程师	1. 负责客户需求的分析和导入； 2. 负责网络通信模块、诊断模块、故障管理模块、Boot Loader与其他网络相关模块的软件开发任务； 3. 负责网络部分的相关需求、满足客户需求和标准定义	1. 本科及以上学历； 2. 5年以上汽车软件开发经验； 3. 精通C语言； 4. 精通CAN网络通信标准、驱动、网络工具的使用，并能在相关工具上实现脚本二次开发，具备此模块开发能力； 5. 精通汽车行业上实现脚本二次开发，具备此模块开发能力； 6. 熟练掌握Boot Loader的原理和实现方法； 7. 熟悉故障诊断和故障开发经验，设计与实现方法； 8. 熟练掌握汽车软件开发标准，如ASPICE开发流程； 9. 熟悉AUTOSAR标准，有相关开发经验； 10. 具有通过开发配置工具实现网络配置和自动化代码生成经验	自动化、电子信息类、电气类、车辆工程、计算机类等相关专业	★★

序号	岗位族名称	岗位(群)名称	职业分类	岗位(群)职责	岗位任职资格标准	主要学科专业来源	紧缺度(五星为最紧缺)
22	软件工程师	嵌入式软件工程师	汽车工程师	1. 负责车载设备系统功能需求分析,定义MCU软件的需求; 2. 根据部门业务需求开发相关嵌入式软件等	1. 3年以上Linux嵌入式平台下软件开发经验; 2. 有32960协议或808协议开发调试经验; 3. 精通C语言,了解C++语言,熟练掌握常用数据结构和算法; 4. 熟悉Linux系统、网络编程、多线程编程,对操作系统有较深理解; 5. 对面向对象编程有较深的理解,注重代码的高内聚低耦合设计及可靠性; 6. 熟悉CAN总线协议及CAN网络管理协议	计算机类相关专业	★★
23	软件工程师	App开发工程师(功能应用软件)	汽车工程师	1. 负责手机App整车类功能开发; 2. 负责梳理手机端、大数据端、TSP云端、营销、售后的架构,定义业务接口,定义端到端的业务流程; 3. 负责SDK、工程版App与车联网云端TSP、与账号管理等IT系统与车内TCAM、DHU等零部件的联调与测试; 4. 负责SOP之后的SDK、工程版App的迭代、牵头新车控车类功能的开发; 5. 负责处理SOP之后App运营中所产生的变更需求,升级需求	1. 1.5年以上车联网平台开发相关经验; 2. 熟悉主流车厂的车联网开发流程; 3. 具备一个以上完整车联网项目中手机App开发经验	计算机类相关专业	★★

续表

序号	岗位族名称	岗位(群)名称	职业分类	岗位(群)职责	岗位任职资格标准	主要学科专业来源	紧缺度(五星为最紧缺)
24	软件工程师	车载V2X通信及应用工程师	汽车工程师	1. 基于智能驾驶车辆交互发展趋势,结合V2X技术趋势,完成互联功能设计和实现方案; 2. 根据智能驾驶系统对V2X的需求,完成V2X系统进行分析、功能设计,提出系统优化建议; 3. 推进整车V2X架构设计、规划设计,V2X应用技术平台搭建;车载V2X系统及软件模块的设计、开发和测试工作; 4. 针对V2X通信系统进行分析和问题定位,提出有效的优化建议,研究V2X通信标准、总结技术指标,提供标准化成果输出; 5. V2X应用算法优化,例如路径预判、路径规划、目标分类、碰撞算法等; 6. 解读V2X通信协议栈,在协议栈基础上进行二次开发工作,跟踪国际和国内主流V2X技术路线及标准制定	1. 本科以上学历,4年以上经验; 2. 熟悉DSRC、LTE-V、4G/5G、WiFi等无线通信技术中至少一种,具有无线通信产品、GPS产品等射频产品开发调试经验; 3. 掌握一门高级语言(C/C++、Python等),以及一门脚本语言(Bash、PHP、Perl等),熟悉TCP/IP协议、CAN总线; 4. 有车联网、智慧交通、智能驾驶、车端无线通信等相关领域背景知识和经验	车辆工程、电子信息类等相关专业	★★

续表

序号	岗位族名称	岗位(群)名称	职业分类	岗位(群)职责	岗位任职资格标准	主要学科专业来源	紧缺度(五星为最紧缺)
25	软件工程师	大数据平台开发工程师	汽车工程师	1. 负责智能驾驶大数据平台系统优化； 2. 负责数据标注与处理流程的可视化工具开发、自动化标注平台的设计与研发； 3. 负责解决、攻克大数据平台的核心技术难题	1. 5年以上数据开发经验，有较好的SQL性能调优经验； 2. 具有分布式数据库、分布式存储等架构设计经验； 3. 熟练使用SQL语言，掌握Oracle、DB2、GP、MySQL等至少一种数据库(RDBMS或MPP)的使用； 4. 熟悉数据ETL模型设计与实现，熟悉ETL流程优化，熟练使用至少一种开源或者商业ETL工具； 5. 精通Linux环境，至少精通Java、Python、Scala一种开发语言，具备深厚的分布式或大系统或数据库系统的理论基础，熟悉分布式计算系统的工作机制； 6. 熟悉分布式技术体系，熟悉Hadoop、MapReduce、Spark、Flink、Hive、Hbase、ElasticSearch、Solr、Kudu、Impala、Docker、K8S等一种或多种架构，并了解原理架构；有星环科技大数据平台数据工程师、开发工程师、架构师、数据分析师、AI工程师认证者优先；或者有Cloudera CCA Administrator、CCA Spark and Hadoop Developer、CCA Data Analyst认证书者优先； 7. 熟悉TensorFlow、MXNet、Caffe、Torch等科学计算框架，熟悉机器学习的数据建模和人工智能建模方法者优先； 8. 具备良好的数据平台POT、POC能力者优先； 9. 具备优秀的独立分析和问题处理能力	计算机科学与技术等(计算机类)，软件工程等(软件工程类)，数学、统计学(数学、统计学)等相关专业	★★★

续表

序号	岗位族名称	岗位(群)名称	职业分类	岗位(群)职责	岗位任职资格标准	主要学科专业来源	紧缺度（五星为最紧缺）
26	软件工程师	云平台开发工程师	汽车工程师	1. 负责公司级/整车的云平台设计、架构、部署、系统集成、网络、安全、虚拟化，提供整体方案； 2. 参与云平台重要核心组件的设计、实施研发、上线部署与后期升级； 3. 对云平台的系统整体性能指标负责，对产品的功能验证和验收负责，发现产品存在的缺陷和问题，不断跟踪	1. 在信息技术领域具有至少10年的经验； 2. 主导或参与过云管理平台的设计和研发工作，针对云（混合云、多云）管理平台有实际设计和开发经验，熟悉云服务对企业/客户的业务模式； 3. 了解主流云平台的架构、功能、性能、技术特性； 4. 熟悉主流虚拟化技术（KVM、XEN、VMvare），对PaaS、SaaS平台架构有深层次的了解； 5. 熟悉虚拟化技术、容器技术、云计算技术、分布式计算开源云转型计算平台、Linux内核等，如OpenStack、CloudStack、Hadoop、Cloudfoundry、Docker等； 6. 擅长云转型相关的需求分析、架构规划和设计，擅长落地的技术方案，擅长大规模高扩展性、高性能、安全、稳定、可靠的云平台能力	计算机类（计算机科学与技术、软件工程等），数学类（数学、统计学）等相关专业	★★
27	软件工程师	人工智能软件工程师	汽车工程师	1. 负责软件系统总体方案设计，详细设计，负责系统层、应用层软件架构定义，负责制定系统测试方案； 2. 负责AI产品开发、技术难点攻关等； 3. 负责代码的配置管理移植以及调整； 4. 负责集成测试组织； 5. 负责产品整体软件性能提升及架构优化； 6. 跟踪及关键最新进展，了解新技术突破情况	1. 3年以上工作经验； 2. 有监督和无监督机器学习算法和现代人工神经网络控制经验，如CNN、RNN、LSTM、GAN4，拥有深度学习开发或框架的先前经验； 3. 精通Python、GO、R、Scala、LISP、JavaScript或Java中的至少一种编程语言； 4. 熟悉图像分析（计算机视觉）、机器学习、深度学习、自然语言处理大规模分布式计算	计算机类、电子信息类（电子信息工程、通信工程）等相关专业	★★

续表

序号	岗位族名称	岗位（群）名称	职业分类	岗位（群）职责	岗位任职资格标准	主要学科专业来源	紧缺度（五星为最紧缺）
28	软件工程师	安全测试工具开发工程师	汽车工程师	1. 负责常见系统（Windows、Linux、Android、RT-OS）信息安全测试工具开发； 2. 负责信息安全软件流程图绘制、软件编码、软件调试、版本管理及应用实施； 3. 协同测试工程师设计测试方案； 4. 研究信息安全测试技术，引入外部或熟悉新测试工具，提升团队信息安全测试水平； 5. 跟进行业技术的发展动态，负责安全测试工具相关技术的内外培训	1. 精通常见Web、系统漏洞的原理、危害、测试方法及修复方法，如XSS、SQL注入、文件上传等； 2. 熟悉Linux系统、Windows系统常见的安全问题，可对系统主机相关安全技术，包括常用端口、服务器漏洞扫描、程序漏洞分析、病毒防范等； 3. 熟悉主机相关安全技术，包括常用端口、服务器漏洞扫描、程序漏洞分析、病毒防范等； 4. 了解安全业界的安全标准和体系，对安全的标准和体系有自己的见解，推动方案落地产品； 5. 至少熟悉Java、Python、C++其中一种语言，有一定的安全测试代码能力和分析问题能力	计算机类相关专业	★★★
29	硬件工程师	线控底盘系统硬件工程师（EPS、ESC等）	汽车工程师	1. 负责新开发产品的需求分析、硬件方案设计、平台选型、规划； 2. 负责产品的硬件设计、实现； 3. 负责与软件、结构、测试等部门做技术对接； 4. 负责产品小批、量产阶段反馈问题的分析、判断、解决	1. 具有丰富的整车电子零部件硬件开发设计经验； 2. 熟悉硬件部分整车功能安全开发流程； 3. 熟悉整车电子零部件产品开发技术要求、开发流程及开发规范； 4. 熟悉功能安全相关的电子零部件硬件开发流程的可靠性分析； 5. 具备整车底盘安全相关的电子零部件如EBS、ESC的硬件开发经验； 6. 熟悉国家标准、汽车行业标准等相关标准，熟悉整车电子零部件实验相关流程和标准	车辆工程、电子信息类、自动化等相关专业	★★

附 录 | 199

续表

序号	岗位族名称	岗位(群)名称	职业分类	岗位(群)职责	岗位任职资格标准	主要学科专业来源	紧缺度(五星为最紧缺)
30	硬件工程师	嵌入式硬件开发工程师(单片机)	汽车工程师	1. 根据产品设计要求进行原理图和PCB设计; 2. 根据产品设计准备物料、制作样板及测试; 3. 设计文档制作(包括Spec、BOM、Gerber、贴片资料、软硬件交互文档、测试计划等); 4. 控制调整个项目组工作计划及目标,制定本职工作计划,合理安排本职工作范围内各项事务的处理顺序; 5. 配合软件工程师调试,解决相关硬件问题以及硬件电路的试验验证; 6. 负责硬件文档记录、跟踪、落实改进相关编写并归档	1. 本科及以上学历,有汽车电子设计经验优先 2. 能熟练阅读英文Datasheet及编写英文技术资料; 3. 熟悉模电、数电等常用电路,熟悉各类电子元器件的基本性能及技术指标; 4. 熟练使用EDA软件进行原理图和PCB设计、开发、测试及量产经验 5. 有完整的电子产品项目设计、开发、测试及量产经验	电子信息类、电气类等相关专业	★★★
31	硬件工程师	IC电路设计工程师	汽车工程师	1. 负责模拟模块电源、电源芯片、驱动芯片、数模混合芯片; 2. 集成独立完成理论推算,能够建立完成理论推算; 3. 负责验证,指导版图设计和仿真,指导版图工程师完成版图设计; 4. 指导测试工程师完成测试,指导版图工程师完成版图设计基础,能完成模块简单验证 5. 具备一定的逻辑模块简单验证	1. 本科及以上学历; 2. 具有扎实的电路基础与良好的电路分析能力; 3. 熟悉版图设计并能为版图设计和验证提供指导意见	计算机类、电子信息类相关专业	★★

续表

序号	岗位族名称	岗位(群)名称	职业分类	岗位(群)职责	岗位任职资格标准	主要学科专业来源	紧缺度(五星为最紧缺)
32	硬件工程师	激光雷达硬件工程师	汽车工程师	1. 负责分析并制定激光雷达硬件设计方案、硬件原理图和PCB设计; 2. 负责关键器件调研、硬件系统风险评估; 3. 负责需求分析,如硬件功能、散热、串扰、电磁兼容性; 4. 负责激光雷达核心硬件电路设计、原有硬件电路优化性能提升、负责设计制定激光雷达核心硬件电路测试方案、负责核心硬件电路测试	1. 有单片机和FPGA软件开发经验、电探测信号处理经验和高速电路板布线经验; 2. 精通高速数字电路、模拟电路基础理论知识; 3. 能熟练应用EDA设计软件绘制特定功能的数字和模拟电路原理图,比如单片机控制电路、FPGA信号处理电路; 4. 熟练掌握多层PCB的布线、熟悉常用的电路元器件、总线接口以及电路插件、电路器件选型采购、PCB制板焊接等生产流程	雷达、电子信息类(电子信息工程、通信工程等)相关专业	★★★
33	硬件工程师	毫米波雷达硬件工程师(天线、芯片)	汽车工程师	1. 负责毫米波雷达系统的指标确认; 2. 负责毫米波雷达相关硬件方案设计和开发、系统件仿真; 3. 负责器件选型、原理图设计、PCB Layout、硬件性能测试和调试等	1. 至少3年及以上汽车电气产品硬件设计工作经验; 2. 熟练使用相应的仿真和EDA工具; 3. 熟悉射频电路的设计流程,充分理解射频电路的理论知识,能够独立完成一个或一系列射频模块的设计与开发; 4. 熟悉微带天线设计及仿真; 5. 良好的技术文档编写能力	计算机类、电子工程类、电气工程类等相关专业	★★★

续表

序号	岗位族名称	岗位(群)名称	职业分类	岗位(群)职责	岗位任职资格标准	主要学科专业来源	紧缺度（五星为最紧缺）
34	硬件工程师	影像传感器芯片工程师	汽车工程师	1. 负责影像传感器芯片设计和开发件需求确认、方案设计和开发验证； 2. 负责芯片的电路设计、仿真、调试和制定测试方案； 3. 配合 Layout 工程师完成电路的版图布局，提出 Layout 的设计意见； 4. 配合测试工程师完成试板的设计，以反芯片的测试验证工作； 5. 负责芯片的性能分析、芯片的成本分析，芯片的稳定性/失效耗分析	1. 熟悉模拟 CMOS 集成电路分析与设计； 2. 熟练使用电路设计与仿真工具，如 Cadence、HSPICE、ELDO 等； 3. 具备 LDO、DC/DC（单相 BUCK、多相 BUCK、BOOST、BUCK – BOOST、Charge – pump）、Swithing – Charger、Linear – Charge 等设计开发经验； 4. 有影像传感器芯片开发经验； 5. 有车载芯片成功量产经验	计算机类、电子类、电气工程类等相关专业	★★★★
35	硬件工程师	智能终端硬件工程师	汽车工程师	1. 负责 T–Box 软件代码编写、验证与开发测试； 2. 负责处理测试以及 SOP 后的各种 T–Box 相关问题； 3. 相关研发设计文档编写、审核	1. 本科以上学历； 2. 5 年以上的 C/C++ 编程经验，具备嵌入式 Linux 编程经验，了解一定的嵌入式硬件知识； 3. 有网络编程经验，熟悉 HTTP、HTTPS、MQTT 等通信协议； 4. 熟悉车载 CAN 应用开发，了解汽车电子常规架构； 5. 熟悉物联网应用； 6. 熟悉 Openssl 及相关开发； 7. 有相关汽车电子项目经验	计算机类相关专业	★★★

续表

序号	岗位族名称	岗位（群）名称	职业分类	岗位（群）职责	岗位任职资格标准	主要学科专业来源	紧缺度（五星为最紧缺）
36	硬件工程师	计算芯片工程师	汽车工程师	1. 面向智能驾驶方向的车用 SoC、CPU、GPU、MCU 及 FPGA 芯片的设计和集成工作； 2. 负责芯片的性能分析、芯片的功耗分析、芯片的稳定性失效分析； 3. 配合软件工程师调试、解决相关硬件问题以及硬件电路的试验验证； 4. 负责硬件优化及问题落实改进，过程文档记录、跟踪、落实以及相关文档的编写并归档	1. 5 年以上智能驾驶方向集成电路设计开发工作经验； 2. 有半导体专业、集成电路设计开发技术和产品背景； 3. 具有扎实的模电/数电理论基础，熟悉 EDA 工具（仿真验证、静态时序分析、形式验证等），具备 ASIC、SoC 芯片产品软硬件开发流程，微架构设计经验，精通 SoC 芯片的低功耗设计； 4. 具有基于 Linux、QNX 等车载模块硬件平台的开发经验，掌握基于 DSP、FPGA、GPU、NPU 和基带通信芯片的技术方案； 5. 熟悉 ASIL B/D 功能安全设计和网络安全设计； 6. 熟悉 ARM 系列和 CPU 系统架构，精通相关产品的 Hyperviosr 和各类 SoC 芯片性能分析，有多年芯片行业或关键 Tier1 负责智驾芯片硬件开发的相关工具链； 7. 能建立基于硬件开发的相关工具链，具备独立钻研、探索的能力 8. 对新技术敏锐，	自动化类、计算机类（软件工程）、电子信息类等相关专业	★★

续表

序号	岗位族名称	岗位(群)名称	职业分类	岗位(群)职责	岗位任职资格标准	主要学科与专业来源	紧缺度（五星为最紧缺）
37	硬件工程师	GNSS硬件工程师	汽车工程师	1. 独立完成单板开发，原理图设计，Layout设计；2. 有GNSS系统方案设计经验，可靠性设计经验，主导或者参与过GNSS量产产品设计（5000套以上产品）；3. 与硬件终端的需求输入，应用场景和性能指标，配合项目实施方案的定型；4. 对接结构设计工程师，工业化设计对产品工艺进行把关；5. 熟悉国军标/国标环境应力试验，EMC试验标准，熟悉各项环境试验流程	1. 硕士以上学历，计算机、电子、通信、信号与信息处理、自动化等专业，有10层以上PCB板设计经验；2. 修过模拟电子技术基础、数字电子技术基础、C语言程序设计、信号与系统、数字信号处理等课程；3. 掌握模拟电路设计，数字电路设计，掌握DCDC电源设计，掌握信号源、频谱仪、示波器等仪器的应用，对射频电路设计有了解；4. 熟练运用FPGA、DSP、ARM等处理器，具有Verilog、C语言编程经验者优先	计算机类、电子信息类（电子信息工程、通信工程等）、信号与信息处理、自动化等相关专业	★★
38	算法工程师	感知融合算法工程师	汽车工程师	1. 负责摄像头、激光雷达、毫米波雷达等多传感器融合算法开发工作；2. 负责基于图像或三维点云数据的目标检测和追踪算法开发工作	1. 理工科类专业，2年以上工作年限，有多传感器融合算法开发经验；2. 熟悉多目标检测、识别、跟踪等算法，滤波器及非线性优化，有毫米波雷达、熟悉卡尔曼滤波器及非线性优化，有毫米波雷达，最像头融合算法开发经验；3. 熟悉C/C++，以及MATLAB、Simulink等各种开发工具；4. 具备一定的Linux下开发经验，能够使用基本的计算机开发语言完成算法原型开发	计算机类、电子信息类、数学类等相关专业	★★★★

续表

序号	岗位族名称	岗位（群）名称	职业分类	岗位（群）职责	岗位任职资格标准	主要学科专业来源	紧缺度（五星为最紧缺）
39	算法工程师	视觉感知算法工程师（机器视觉）	汽车工程师	用视觉识别和理解复杂环境，为视觉主导的无人驾驶系统在感知和定位方面提供强有力的支撑	1. 有扎实的图像分析和模式识别理论基础，精通目标检测、跟踪、识别等常见的计算机视觉处理任务； 2. 有扎实的数学基础，精通常见的几何、统计学等，熟悉这些技术在图像识别领域中的应用； 3. 有很强的工程能力，精通 C++ 语言或至少一种常见编程语言； 4. 对计算机结构有深刻的认识，能够开发高性能、实时运行的图像处理软件； 5. 有发明创造的理想和热情，致力于创造解决实际问题的视觉感知技术； 6. 熟悉 Visual SLAM 等在机器人定位和导航领域中常用的经典方法； 7. 熟悉 Stereo、Structured Light、ToF 三维成像原理和方法； 8. 熟悉图像识别领域的常用工具，如 OpenCV 等； 9. 熟悉高性能运算加速工具如 Neon 以及 GPGPU 技术，如 GLES、CUDA 和 OpenCL 等； 10. 发表过 CVPR、ECCV、ICCV、NIPS、ICML 等视觉和 AI 领域相关文章； 11. 熟悉图像识别领域的常见工具，如 OpenCV、MATLAB 等	计算机类、电子信息类、数学类等相关专业	★★★★

续表

序号	岗位族名称	岗位（群）名称	职业分类	岗位（群）职责	岗位任职资格标准	主要学科与专业来源	紧缺度（五星为最紧缺）
40	算法工程师	决策与路径规划算法工程师	汽车工程师	1. 负责智能驾驶汽车的决策与路径规划算法的设计与研发； 2. 负责智能驾驶汽车的行为预测算法设计研发； 3. 梳理并研究和完善智能驾驶技术，修正和完善智能驾驶路线； 4. 配合智能驾驶各模块工程师完成系统集成和调试工作	1. 本科及以上学历，3年以上机器人、无人驾驶相关开发经验； 2. 熟悉决策规划、路径规划、运动规划、车辆动态控制等相关算法，例如 A*、D*、RRT 等； 3. 有在 Linux 系统下的开发经验，掌握 C++、Python 等开发语言； 4. 熟悉智能驾驶相关功能的规划控制算法开发、代码单元测试、算法发布等	控制工程、计算机科学与技术（计算机类、计算机科学与技术、计算机应用技术等）等专业	★★★
41	算法工程师	控制算法工程师	汽车工程师	负责公司内部 ADAS 相关算法的预研、实现、调优以及产品化，主要包括： 1. 负责 FCW、LKA 等 ADAS 相关功能控制策略和控制算法的研发； 2. 负责基于车辆动力学的运动控制方案的设计、实施与验证； 3. 配合其他工程师完成系统集成和调试工作； 4. 负责 ADAS 相关软件技术的前期追踪和研究	1. 本科及以上学历，5年以上汽车相关经验 2年以上车辆控制算法开发经验，有 AEB、ACC、LKA、TJA 等 ADAS 功能量产经验； 2. 具有较强的动手编程能力，熟悉 MATLAB、Simulink、C/C++、Dspace、Carmaker、CarSim 等开发工具和环境； 3. 熟悉 ADAS 相关核心技术，掌握车辆控制算法的能力与嵌入式开发的能力； 原理并具备实现算法的基本能力	车辆工程、自动化等相关专业	★★★

续表

序号	岗位族名称	岗位(群)名称	职业分类	职责	岗位任职资格标准	主要学科专业来源	紧缺度（五星为最紧缺）
42	算法工程师	V2X算法工程师	汽车工程师	1. 深入研究车联网应用相关标准、产业发展以及应用场景，包括标准定义的各类应用场景以及效率类、安全类应用场景和拓展的应用场景；2. 负责研究车联网应用算法研究、搭建仿真平台验证算法性能；3. 指导研发进行车联网应用的设计开发、指导测试完成验证。	1. 电子、自动化、车辆工程、交通工程相关专业，本科及以上学历；2. 熟悉车联网以及智能交通行业；3. 自动控制原理、车辆动力学、交通流微观控制及相关研究经验；4. 熟练掌握 C、MATLAB、PreScan、CarSim、CarMaker、Vissim 等软件工具，具备使用以上工具进行场景搭建和算法仿真开发的能力。	计算机类（计算机科学与技术、软件工程等）、电子信息类（电子信息工程、通信工程等）、自动化等类专业	★★★★
43	算法工程师	大数据挖掘工程师	汽车工程师	1. 基于业务需求，针对典型业务主题策划优化方案，同步应用统计建模、数据挖掘、机器学习等方法，建立数学模型与算法，对产品开发与业务流程进行优化实施；2. 负责对数据分类、估值、预测、优化及跟进；3. 负责数据整合与分析、制定关联规则；4. 支持业务团队对重要或典型业务场景的调研与需求挖掘；5. 负责调研数据分析、数据挖掘领域的最新技术、成果，针对企业已有或新增业务可行性分析价值创新进行可行性分析。	1. 本科及以上学历；2. 具有数据建模开发相关项目经验；3. 掌握常用数据挖掘算法，包括但不限于决策树、逻辑回归、支持向量机、神经网络等；4. 熟练掌握 Hadoop 相关技术，包括但不限于 Hdfs、Mapreduce、Hbase、Hive、Spark 等；5. 掌握 Java、Python 语言之一，并具备应用经验；6. 具有汽车及制造行业领域数据挖掘经验者优先；7. 对云计算、大数据，特别是基于分布式的数据处理等有强烈的兴趣；8. 具有团队协作精神，能深入业务流程挖掘业务需求。	计算机类、电子信息类、数学类、自动化等相关专业	★★★

续表

序号	岗位族名称	岗位(群)名称	职业分类	岗位(群)职责	岗位任职资格标准	主要学科专业来源	紧缺度(五星为最紧缺)
44	算法工程师	人工智能算法工程师(深度学习、强化学习等)	汽车工程师	1. 负责深度学习算法框架设计、训练和部署； 2. 熟悉 GPU、FPGA 上深度学习算法的实现； 3. 熟悉 Cuda、Phython、C 等常用语言，深入理解各种深度学习算法架构； 4. 熟悉相关统图像算法、Deep Learning 相关算法在嵌入式平台的实现； 5. 熟悉摄像机与视觉标定、三维重建、目标检测算法； 6. 熟悉常用机器学习算法如强化学习等	1. 有智能驾驶相关图像算法开发经验，相关方向博士优先； 2. 精通 C/C++、Python、Pytorch 等语言，能独立用这些语言进行算法的设计与调试； 3. 能够独立进行深度学习算法的开发与实现，能够独立进行深度网络模型的压缩与嵌入式实现； 4. 通晓图像处理算法，熟练掌握 OpenCV 编程，熟悉常用的机器学习算法； 5. 坚实的统计分析、矩阵分析、模式识别、数据挖掘、最优化等相关理论基础	计算机类、电子信息类、自动化类等相关专业	★★★
45	算法工程师	地图/定位算法工程师(SLAM´IMU)	汽车工程师	1. 使用多源传感器(包括但不限于视觉与 LiDAR)开发基于不同依据的高精度定位模块，用于智能驾驶中分米级别的高精度定位； 2. 使用视觉和 LiDAR 技术建立以上定位模块使用的高精度地图； 3. 综合使用自动化的多源传感器标定，包括但不限于相机、LiDAR、IMU	1. 5 年以上软件开发经验，3 年以上地图/定位算法开发经验； 2. 了解常用 vSLAM、VO/VIO 或 LiDAR SLAM 算法，有实际动手或项目经验； 3. 使用多传感器(LiDAR、Camera 等)开发高精度地图、实现高精度定位，有能力使用高精地图设计手的能力； 4. 熟悉 Python、C++，有很强的动手的能力； 5. 了解视觉定位、视觉车道的检测算法，并可以使用检测的车道帮助视觉反馈优化的视觉定位，以此为导向为视觉车道检测反馈优化方向	计算机类(计算机科学与技术、软件工程等)、电子信息类(电子信息工程、通信工程等)、自动化等相关专业	★★★

续表

序号	岗位族名称	岗位（群）名称	职业分类	岗位（群）职责	岗位任职资格标准	主要学科专业来源	紧缺度（五星为最紧缺）
46	测试工程师	系统测试工程师	汽车工程师	1. 负责智能驾驶决策控制或传感器集成的设计、开发和测试； 2. 负责智能驾驶的实车道路测试，具备现场分析结果定位、测试记录及测试问题定位、整理测试报告	1. 本科及以上学历，3年以上相关领域工作经验； 2. 熟悉智能驾驶行为决策、场景规划、路径规划、车辆控制相关算法的实现方法； 3. 熟悉各种常规通信接口规范，如CAN、Ethernet、串口通信； 4. 熟悉传感器（激光、相机、GPS/IMU、雷达等）校准算法，并具备丰富的实践经验； 5. 掌握C/C++与脚本编程语言，有很强的Trouble Shooting能力； 6. 熟练掌握Linux系统，掌握常用Linux命令； 7. 具有车载产品开发经验、车规级系统（例如达到ASIL C/D级别）开发经验； 8. 有汽车ADAS系统测试经验或智能驾驶汽车测试经验者优先	计算机类、电子信息类、自动化类等相关专业	★★★
47	测试工程师	感知系统测试工程师	汽车工程师	1. 负责感知产品及系统的测试案例编写； 2. 负责验证工作； 3. 负责感知系统的测试及实车验证工作； 4. 负责感知产品的对比测试和分析工作； 5. 负责感知产品及系统测试结果的梳理和分析，并指导技术优化和提升	1. 了解汽车及汽车电子商品化开发流程； 2. 掌握测试专用工具、软件、流程和方法； 3. 熟悉Radar, LiDAR, Camera, GPS, IMU等传感器原理与特性； 4. 熟悉汽车CAN, LAN总线等相关知识； 5. 具备良好的逻辑思维能力、沟通能力和协调能力	计算机类、电子信息类、自动化类等相关专业	★★★

续表

序号	岗位族名称	岗位（群）名称	职业分类	岗位（群）职责	岗位任职资格标准	主要学科专业来源	紧缺度（五星为最紧缺）
48	测试工程师	控制器测试工程师	汽车工程师	1. 负责电机控制器机械结构应力测试和零部件认定测试； 2. 负责供应商零部件内部结构认定测试跟踪和内部结构件的测试； 3. 负责按照工程师要求搭建实验环境，完成实验内容，撰写实验报告	1. 大专及以上学历； 2. 具备结构测试、机械制图等基础知识； 3. 熟悉实验逻辑及实验流程，能独立按照实验要求完成实验内容； 4. 熟练使用实验设备，如盐雾试验箱、振动试验台、高低温实验箱，应力测试台等； 5. 动手能力强，能独立完成样机装配、调试工作	机械设计制造及其自动化、车辆工程、自动化等相关专业	★★★
49	测试工程师	V2X软件测试工程师	汽车工程师	1. 根据设计文档、开发规范进行网络、V2X 虚拟仿真测试平台和相关模块软件的设计，开发和编程工作； 2. 负责自动化测试用例编写开发环境、测试工具链的开发； 3. 负责测试工具数据接口开发、完成多测试系统平台联调； 4. 负责测试工具链、测试数据处理系统的开发设计	1. 本科及以上学历，计算机、软件工程等相关专业优先； 2. 精通 C/C++、Python 编程语言，具备清晰的表达能力和流畅的沟通能力，良好的团队合作能力； 3. 熟悉 ADAS 仿真软件，如 PreScan、SCANeR、CarMaker、VTD 等软件接口开发经验； 4. 有 ADAS、智能驾驶功能开发经验	计算机类（计算机科学与工程、软件工程、车辆工程等专业	★★★

续表

序号	岗位族名称	岗位(群)名称	职业分类	岗位(群)职责	岗位任职资格标准	主要学科专业来源	紧缺度(五星为最紧缺)
50	测试工程师	智能算法测试工程师	汽车工程师	1. 主导负责智能驾驶定位、感知、融合、预测算法等算法测试工作，建设算法测试指标体系、场景库；2. 承担产品的算法测试话动，参与前端、后端的设计方案评估和同检视、后端闭环改进等质量活动	1. 具备3年以上自动化驾驶定位、感知、融合、预测算法的测试开发、测试经验；2. 熟悉自动化驾驶场景、测试方法指标、测试场景、测试方法；3. 电子电器、自动化、计算机相关专业，熟悉编程语言，如C/C++、Python；4. 有测试管理经验，能胜任端到端测试闭环工作	计算机类、电子信息类、自动化等相关专业	★★★
51	测试工程师	功能安全测试工程师	汽车工程师	1. 负责功能安全软件合规测试；2. 负责静态测试、单元测试、集成测试、系统测试；3. 负责测试用例编写	1. 具有嵌入式C/C++软件测试3年或以上经验；2. 具有ADAS、AD系统各项功能测试经验	计算机类相关专业	★★★
52	测试工程师	信息安全测试工程师	汽车工程师	1. 负责帮助分析团队建立和加强渗透测试能力；2. 对车辆应用安全和系统安全及网络安全进行工具及手工测试，找出安全问题，提出漏洞修复方案；3. 对安全事件进行应急响应，及时给出安全事件分析报告和修复方案；	1. 熟悉渗透测试的步骤、方法和流程，能够熟练运用各种手段对系统实施有效的渗透；2. 熟悉常见攻击和防御办法，熟悉Web/App渗透测试，Web/App代码漏洞挖掘和分析(有独立经验或在各漏洞平台上报过漏洞)；3. 熟悉防火墙、IDS、IPS、漏洞扫描、渗透测试的原理及操作；	计算机相关专业	★★

续表

序号	岗位族名称	岗位(群)名称	职业分类	岗位(群)职责	岗位任职资格标准	主要学科专业来源	紧缺度（五星为最紧缺）
52	测试工程师	信息安全测试工程师	汽车工程师	4. 关注最新的安全动态和漏洞信息，及时给出安全事件分析报告和修复方案	4. 熟悉 ASP、PHP、JavaScript、Java、Python（熟练其中一种即可）等脚本语法，且具有一定的代码审计能力； 5. 熟练掌握主流的源代码审计工具，如 Checkmarx Cx-Enterprise、Armorize CodeSecure、Fortify SCA、RIPS 等； 6. 具备独立对应用进行黑盒、白盒安全测试以及 Web 漏洞挖掘能力； 7. 具备编写渗透测试报告和对客户进行信息安全培训，完成其他安全评估任务和评估报告的编写能力	计算机相关专业	★★
53	测试工程师	定位与导航系统测试工程师	汽车工程师	1. 主导实验室 GNSS 及 INS 领域的技术能力建设； 2. 主导测试标准或规范的制定； 3. 负责 GNSS 及 INS 领域产品测试策划，测试结果分析，并能对产品提出改进建议； 4. 主导或参与 GNSS 及 INS 领域的相关科研项目的申请和研究	1. 本科及以上学历，汽车、卫星导航、通信等相关专业，5 年以上导航团队工作经验； 2. 熟悉 GNSS 和 INS 工作原理，对智能驾驶领域有一定的了解； 3. 有车载 GNSS 终端和 INS 研发测试经验； 4. 熟悉 Python、Linux Shell 编程语言，有一定传感器数据融合能力	车辆工程、卫星导航、通信工程、计算机等相关专业	★★★